# Zuckerfreie Ernährung

## 123 zuckerfreie Rezepte für eine gesunde Ernährung ohne Zucker

Voller Genuss trotz zuckerfrei leben! Inkl. Gesunde Süßigkeiten, 4 Wochen Ernährungsplan und Nährwertangaben

# Vorwort

Wenn Sie sich zuckerfrei ernähren wollen, stellen Sie sich vielleicht zu-nächst die Frage: Eine komplett zuckerfreie Ernährung – geht das über-haupt? Nun, eine Ernährung ohne jeglichen Zucker ist erst einmal nicht zu empfehlen. Unser Körper benötigt Glukose, um zu funktionieren. Die-se Glukose ist aber ausreichend in frischen und gesunden Zutaten vor-handen. Daher wird in diesem Buch unter einer zuckerfreien Ernährung eine Ernährung ohne beige-setzten Zucker verstanden. Diese ist nämlich grundsätzlich zu empfehlen, gesund und lecker!

Damit Ihnen die Ernährungsumstellung gelingt, werden Ihnen in diesem Buch viele verschiedene und leicht zuzubereitende Rezepte vorgestellt. Auf einen Blick erhalten Sie alle nötigen Informationen wie Zubereitungszeit, Schwierigkeitsgrad, Zutaten und Nährwerte. So können Sie die Rezepte zum Beispiel auch während einer Diät nutzen. Mit den Rezepten werden alle Kategorien wie Frühstück, Salate, Suppen, Hauptmahlzeiten oder Süßes abgedeckt. Vor jedem Thema erhalten Sie einen Überblick über Möglichkeiten der zuckerfreien Ernährung, sodass Sie nach diesem Buch auch einiges an Sachwissen erlangt haben. Am Ende finden Sie zudem noch ein Lexikon, in dem zuvor kursiv gedruckte Fachbegriffe kurz und knapp verständlich erklärt werden. Worauf warten Sie noch? Viel Spaß beim Stöbern, Zubereiten und natürlich beim Essen!

*Guten Appetit!*

# INHALT

# Tipps & Tricks

Vielleicht sind Sie normalerweise nicht gerade der Sternekoch in der Küche. Oder Sie beschäftigen sich das erste Mal mit einer Ernährungsumstellung hin zu einem gesünderen Lebensstil. Keine Sorge: Hier wollen wir Ihnen einige praktische Tipps an die Hand geben, damit nichts mehr schiefgehen kann. Egal, ob es darum geht, wie Sie den Hefeteig am besten gehen lassen oder worauf es bei einem möglichen Abnehmwunsch ankommt.

**Püriere – aber wie?** In vielen Suppenrezepten, aber auch in Zubereitungshinweisen für Smoothies oder Dips ist oft davon die Rede, dass die Zutaten püriert werden sollen. Doch wie können Sie das am besten anstellen? Das richtige Gerät ist hierfür auf jeden Fall entscheidend. Die bekannteste Variante ist, wie der Name schon sagt, der Pürierstab. Mit diesem können Sie per Knopfdruck und Auf- und Ab-Bewegungen Früchte & Co. verfeinern. Wenn es jedoch um größere Mengen geht, kann die Arbeit mit dem Pürierstab ganz schön lästig sein und lange dauern. Dann könnte ein großer Standmixer die bessere Wahl sein. Hier können alle Zutaten einfach in das Gerät gefüllt und gemixt werden. Standmixer sind meistens auch für festere Zutaten wie Nüsse oder Teigwaren geeignet.

Es gibt also gar nicht die eine richtige Antwort auf die Frage, wie Sie am besten pürieren sollten. Für Suppen oder Fruchtpürees reicht ein Pürierstab, der meist schon für wenig Geld zu finden ist, völlig aus. Außerdem können Sie auf die Wortwahl im Rezept achten: Ist von Pürieren die Rede, verwenden Sie einen Pürierstab, wird von Mixen gesprochen, greifen Sie zum Standmixer oder zur Küchenmaschine. Bei heißen Zutaten wie bei Suppen ist zudem zu beachten, dass die Behälter, in die die Zutaten zum Beispiel bei einem Standmixer gefüllt werden, hitzebeständig sind.

**Mit der zuckerfreien Ernährung zur Traumfigur?** Wahrscheinlich erhoffen sich einige, die dieses Buch lesen, durch eine zuckerfreie Ernährung nicht nur einen gesünderen, sondern auch einen schlankeren Körper. Worauf kommt es an, wenn man abnehmen möchte? Häufig bekommt man nur die eine

Antwort: Es muss ein *Kaloriendefizit* her. Das heißt, Sie müssen weniger essen als Sie verbrauchen. Doch das ist nur die halbe Wahrheit. Es kommt auch auf einen angeregten *Stoffwechsel* und den richtigen *Hormonhaushalt* an. Eine gesunde Ernährung kann hierbei massiv helfen. Eine zuckerfreie Ernährung führt meist automatisch zu einer Stoffwechsel-anregenden Lebensweise, da Zutaten, die verboten sind, durch frische und gesunde Nahrungsmittel ersetzt werden. Aber auch andere Verhaltensweisen führen zu einem besseren Stoffwechsel – genug Wasser trinken, eine proteinreiche Ernährung oder regelmäßige Bewegung zum Beispiel. Doch die Aussage, dass man durch ein Kaloriendefizit abnimmt, ist nicht falsch.

Tatsächlich können gespeicherte Fettpölsterchen nur reduziert werden, wenn der Körper aufgrund einer nicht ganz ausreichenden Kalorienzufuhr diese abbaut. Aber hierbei sollte man es unbedingt langsam angehen! Ein zu großes Kaloriendefizit ist ungesund und führt zu Heißhunger. So wird die Gefahr größer, dass Sie Ihre Ernährungsumstellung gar nicht durchhalten und zunehmend unmotivierter werden. Ein moderates Kaloriendefizit liegt bei 10 bis maximal 30 % des *Gesamtumsatzes* pro Tag. Ein Beispiel: Ein erwachsener Mann hat einen Grundumsatz von 2000 kcal am Tag. Ein Kaloriendefizit von 20 % wären hierbei 400 kcal. So könnte der Mann 1600 kcal am Tag essen, um abzunehmen. Zum Glück können Sie bei den nachfolgenden Rezepten immer auf einen Blick die Kalorienangabe pro Portion ablesen. Wichtig ist jedoch, dass eine Ernährung mit Kaloriendefizit immer nur für einen bestimmten, abgegrenzten Zeitraum zu empfehlen ist und trotzdem auf eine ausreichende Nährstoffzufuhr geachtet wird. Durch eine zuckerfreie Ernährung können Sie jedoch kinderleicht verhindern, dass Sie die verbleibenden Kalorien mit ungesunden Nahrungsmitteln füllen.

**Warum muss der Hefeteig immer gehen?** Für alle Backanfänger: Hefeteige herzustellen, ist gar nicht so schwer, wie es klingt. Orientieren Sie sich Schritt für Schritt an den Rezepten, dann kann eigentlich nichts mehr schiefgehen. *Hefe* ist ein Pilz, der „Nahrung“ braucht, um zu arbeiten. Diese Nahrung ist zum Beispiel im Mehl enthalten. Es gibt Trockenhefe in Pulverform und frische Hefe, die abgepackt als Würfel verkauft wird. Die Hefe mag es warm, aber nicht heiß. Daher kann man darauf achten, gekühlte Zutaten schon einige Zeit vor der Zubereitung aus dem Kühlschrank zu nehmen, damit die Hefe nicht mit zu kalten Zutaten in Berührung kommt.

Außerdem wird frische Hefe zuerst im lauwarmen Wasser oder in lauwarmer Milch aufgelöst, ehe sie zum Teig dazugegeben wird. Dabei darf die Temperatur 45 °C nicht überschreiten, da ansonsten die Hefepilze absterben. Der Hefeteig sollte dann kräftig verknetet werden. Daraufhin folgt die Ruhezeit, bei der die Hefe arbeitet und der Teig so aufgeht. Bei den meisten Rezepten sollte das Teigvolumen hierbei auf das Doppelte anwachsen. Damit das gelingt, sollte der Teig mit einem sauberen Geschirrtuch abgedeckt werden und anschließend an einem warmen Ort ohne Durchzug gelagert werden. Man kann den Teig zum Beispiel auch in den Backofen stellen und diesen auf 40 °C aufheizen. Die *Ruhezeit* beträgt meistens zwischen 30 Minuten und einer Stunde. Wenn Sie auf die Ansprüche der Hefe achten, werden Sie auch kräftig belohnt: Hefeteige sind unglaublich locker-luftig und versprechen ein ganz eigenes Geschmackserlebnis.

**Vorbereitung ist alles:** Um ein möglichst stressfreies Kocherlebnis zu ermöglichen, ist es unverzichtbar, sich richtig auf die Zubereitung vorzubereiten. Schon im Voraus gilt, das Rezept einmal komplett durchzulesen und dabei zu prüfen, ob noch Fragen offen sind, ob alle Geräte vorhanden sind und vor allem, ob schon alle Zutaten eingekauft sind! Es gibt nichts Nervigeres, als während des Kochens oder Backens festzustellen, dass Sie doch keine Eier mehr zu Hause haben und daher auf Betteltour durch die Nachbarschaft ziehen müssen. Kurz bevor es losgeht, bereiten Profiköche immer zuerst die Küche und Zutaten vor: Stellen Sie die Zutaten alle an eine Stelle und wiegen Sie sie schon ab. Am besten erledigen Sie die sogenannte „Schnippelarbeit" ganz am Anfang. Wenn Obst und Gemüse oder Kräuter schon klein geschnitten sind, können Sie sich während des Kochens ganz auf die Rezeptschritte konzentrieren.

Zudem sollten Sie, auch wenn es schwerfällt, mögliche Ruhe- oder Wartezeiten nutzen, um die Küche zwischendurch zu säubern und aufzuräumen. So behalten Sie den Überblick über die verbliebenen Zutaten, haben genug Platz, um mit der Zubereitung fortzufahren und werden nach dem Essen nicht von dem angefallenen Abwasch erschlagen. Probieren Sie selbst einmal aus, was Sie benötigen und vorher tun sollten, damit Sie während des Kochens zumindest nicht durch Stress ins Schwitzen geraten. Denn dann kann die Zubereitung des Essens eine wohltuende und auch entspannende Aufgabe sein.

**Das Auge isst mit:** Warum sieht Essen im Restaurant immer viel leckerer aus als zu Hause? Die einfache Antwort ist: Die Köche kennen Tipps und Tricks, das Essen schmackhaft anzurichten. Es lohnt sich wirklich, am Ende des Kochvorgangs etwas Zeit dafür zu opfern, das Essen schön herzurichten und erst dann zu servieren. Sie selbst, aber auch diejenigen, für die Sie kochen, werden gleich viel mehr Lust haben, das Essen zu verspeisen. Gerade, wenn es Ihnen einmal schwerfällt, die zuckerfreie Ernährung durchzuhalten, kann eine solche Belohnung für die Augen wahre Wunder bewirken! Mit ein paar einfachen Kniffen schaffen Sie es auch, das Essen schmackhafter zu gestalten. Streuen Sie am Ende zum Beispiel frische, gehackte Kräuter, die auch schon im Rezept verarbeitet wurden, über das Essen. So sieht die Mahlzeit gleich frischer aus und die frische Zutat bringt zudem auch noch eine neue Geschmackskomponente dazu. Außerdem ist es schwieriger, vollgefüllte Teller lecker anzurichten. Stattdessen bereiten Sie kleinere Portionen vor und legen Fleisch oder Fisch in die Mitte des Tellers. Drumherum werden die Beilagen platziert, immer mit etwas Abstand zueinander, sodass die einzelnen Bestandteile nicht optisch miteinander verbunden werden.

Diese Klarheit beim Anrichten macht es für das menschliche Gehirn leichter, die ganze Mahlzeit zu erfassen. Besonders bei Gemüse und Obst, was bei einer zuckerfreien Ernährung oft verwendet wird, können Sie mit verschiedenen Schnitttechniken spielen. Schneiden Sie die Zucchini in Scheiben, aber raspeln zum Beispiel die Karotten. So werden die Zutaten strukturell getrennt und die Zunge erfährt verschiedene Gefühlserlebnisse beim Kauen. Auch farblich können die einzelnen Komponenten beim Essen getrennt oder passend angerichtet werden. Probieren Sie einfach mal verschiedene Varianten aus! Wenn Sie zu echten Profis beim Anrichten gehören wollen, empfiehlt es sich zudem, mögliche Soßen vor dem

Servieren einmal mit dem Pürierstab aufzuschlagen. So erscheinen sie schaumig und luftig und regen zum Essen an.

Übrigens kann die Zubereitung von Bowls dabei helfen, ihr Auge zu schulen. Hier können Sie versuchen, die einzelnen Bestandteile farblich schön anzuordnen und am Ende alles mit Beeren, Nüssen oder einem Dressing zu toppen. Diese Techniken können Sie auch bei anderen Mahlzeiten anwenden. Falls Sie Getränke wie beispielsweise Smoothies zubereitet haben, können Sie auch hier darauf achten, alles schmackhaft anzurichten! Wählen Sie ein Glas, in dem das Getränk richtig zur Geltung kommt, dabei sollte die Flüssigkeit nicht zu wenig oder zu viel des Glases füllen. Stecken Sie dann einen möglichst plastikfreien Strohhalm in das Glas und toppen Sie auch hier das Zubereitungsresultat: Schneiden Sie beispielsweise eine Zitronen- oder Limettenzeste und stecken Sie diese auf den Glasrand. Oder nehmen Sie einen Zahnstocher, stecken auf diesen Beeren und Früchte, die auch im Getränk enthalten sind, und stecken diesen Zahnstocher in eine Fruchtzeste! Sie werden schnell sehen: Es ist gar nicht so schwer, Ihre Speisen und Getränke optisch aufzubessern!

**Nachhaltig kochen ist einfach!** In Deutschland werden jährlich 12 Millionen Tonnen Lebensmittelabfälle produziert. Etwa 75 kg wirft jeder Haushalt pro Jahr weg und ein Großteil davon ist völlig unnötig. Mit ein paar Kniffen und der richtigen Lagerung können Sie viele Nahrungsmittel haltbarer machen oder noch weiterverarbeiten. Es gibt hierbei unzählige Möglichkeiten und wir können nur wenige Ideen hier teilen, aber hoffentlich weckt dies Ihre Neugier und Sie beschäftigen sich auch außerhalb dieses Buches mit Möglichkeiten, die Lebensmittelverschwendung zu reduzieren. Sie haben beispielsweise noch einen Schluck Wein übrig, den niemand mehr trinken will? Oder haben Sie Wein geschenkt bekommen, der Ihnen überhaupt nicht schmeckt? Kein Problem! Nutzen Sie die Weinreste einfach dafür, frisch zubereitete Soßen aufzubessern. Falls Sie nicht vorhaben, in den nächsten Tagen eine Soße zu kochen, füllen Sie den Wein in Eiswürfelformen um und frieren Sie sie bis zur Verwendung ein. Zudem sind Smoothie- und Entsafterrezepte eine tolle Möglichkeit, Abfälle zu vermeiden, da hier meist alles von Früchten, Kräutern und Gemüse verwendet wird. So kann zum Beispiel die Wassermelonenschale bedenkenlos verzehrt werden. Mit anderen Früchten püriert, kann man sie ganz leicht zu sich nehmen.

Kaufen Sie Obst und Gemüse am besten frisch an dem Tag, an dem Sie dieses auch zubereiten möchten. Auf jeden Fall sollten zu lange Lagerzeiten vermieden werden, da es sonst schnell passieren kann, dass sich Schimmel bildet. Außerdem lohnt es sich, viele Zutaten, die im Supermarkt in Plastikverpackungen verkauft werden, in Papiertüten umzufüllen, um diese länger haltbar zu machen. So fühlen sich zum Beispiel Pilze viel wohler in Papier- statt Plastiktüten. Probieren Sie zudem einmal aus, Gemüsebestandteile, die Sie sonst weggeschmissen haben, doch mitzuessen und zuzubereiten. Blumenkohlblätter beispielsweise können richtig zubereitet eine echte Delikatesse sein! Mit nur wenig Aufwand können Sie Ihre Lebensmittelverschwendung reduzieren und werden so zu einem nachhaltigen und bewussten Koch!

# Frühstück

# ZUCKER – WAS IST DAS ÜBERHAUPT?

Haushaltszucker wird aus Pflanzen gewonnen und besteht überwiegend aus *Saccharose*. Etwa 80 % der Zuckerproduktion wird aus Zuckerrohr hergestellt. Die Pflanzen werden hauptsächlich in Indien, Brasilien und China angebaut. So wird handelsüblicher Haushaltszucker hergestellt. Dieser wird nicht vom Körper benötigt, findet aber vor allem in Industrieländern aufgrund des verführerischen Geschmacks in verschiedensten Speisen Anwendung. Der natürlich vorkommende Zucker ist Traubenzucker beziehungsweise *Glukose* sowie *Dextrose*. Dieser wird nur langsam vom Körper aufgenommen, sodass es zu keinem zu rapidem Auf- und Abstieg des Blutzuckers kommt.

Dies ist aber nur bei natürlichem Zucker der Fall! Industriell hergestellter Traubenzucker wird üblicherweise aus Kartoffel- oder Maisstärke hergestellt und dient als schneller, aber wenig nachhaltiger Energiespender. Glukose und Dextrose kommen auch natürlicherweise in verschiedenen Früchten vor, weshalb diese Zutaten auch in den vorgestellten Rezepten zu finden sind. Besonders zum Frühstück bieten sich Speisen mit süßen Beeren oder zuckerfreie Pancakes mit Ahornsirup an.

Das Frühstück ist bekanntlich die wichtigste Mahlzeit des Tages. Es ist wichtig, den Körper gleich am Morgen mit wichtigen Nährstoffen zu versorgen, damit er gesund in den Tag starten kann. Warum dies bei industriellem Zucker nicht der Fall ist, soll Ihnen hier erklärt werden. Abseits der langfristigen Folgen von erhöhtem Zuckerkonsum wie ein erhöhtes Risiko für *Adipositas* oder *Diabetes* hat Zucker nämlich auch kurzfristige Folgen für den menschlichen Organismus. Der Körper benötigt als Nährwerte *Kohlenhydrate*, *Fette* und *Proteine*. Zucker ist ein möglicher Lieferant von Kohlehydraten. Neben Zucker können aber auch *Ballaststoffe* oder *Stärke* dem Körper die nötige Energie liefern. Während Zucker sehr schnell verdaut und vom Körper aufgenommen wird, erfolgt dies bei anderen Lieferanten weniger schnell. Dies führt zu einem langsamen An- und auch wieder Abstieg des Blutzuckerspiegels. Man spricht bei diesen Lieferanten von *komplexen Kohlenhydraten*. Beispiele hierfür sind Vollkorn oder Fruchtzucker. Bei Industriezucker erfolgt ein rasanter Anstieg des *Blutzuckerspiegels*.

Die Folge: Es kommt zu einem schnellen und kräftigen Energieschub, der dann jedoch genauso schnell wieder nachlässt. Der Körper fällt in ein sprichwörtliches Energieloch und empfindet viel schneller als bei komplexen Kohlenhydraten wieder Hunger. So greift man oft schon im Laufe des Vormittags wieder zu einer Zwischenmahlzeit. Da der Körper schnell wieder Energie benötigt, sendet er zudem Signale aus, die bei uns Heißhunger auf Süßes machen. Sie greifen daher eher zum Schokoriegel als zu einem Apfel. Dann beginnt der Teufelskreise von vorne.

Zucker ist jedoch nicht gleich Zucker. Mittlerweile gibt es viele verschiedene Zuckerarten, die entdeckt wurden. Die häufigsten wurden Ihnen schon präsentiert: Glukose, Dextrose und Haushaltszucker beziehungsweise Saccharose. Dazu kommt aber auch noch der braune Zucker – auch *Rohrzucker* genannt. Es hält sich fest der Mythos, dass dieser gesünder als Haushaltszucker ist. Dieser Mythos ist ein Irrglaube.

Rohrzucker ist einfach weniger mit *Melasse* gefärbt und dazu weniger *raffiniert*. Raffiniert wird ein Zucker durch Reinigung, bei der jedoch auch Vitamine und Mineralstoffe verloren gehen. Melasse selbst kann ebenso als Zuckersorte angesehen werden und gilt eigentlich nur als Abfallprodukt bei der Zuckerherstellung aus Zuckerrübe und -rohr. Melasse ist ein brauner Sirup, der noch Spurenelemente und Mineralstoffe enthält. Er wird jedoch nicht weiterverwendet, da sich der Aufwand der Zuckergewinnung aus dem Produkt nicht mehr lohnt.

In Früchten ist zudem natürlicherweise *Fruktose* enthalten. In Verbindung mit anderen Zuckerarten ist er aber auch zum Beispiel in Haushaltszucker enthalten. Fruktose besitzt die höchste Süßkraft. Dies kann vor allem in Speisen als problematisch angesehen werden, bei denen Fruktose künstlich zugefügt wird. Durch die hohe Süßkraft wird das Belohnungssystem im Gehirn angeregt, sodass das Verlangen nach mehr davon noch stärker wird. Auch hier gilt also – in moderaten Mengen in natürlichen Zutaten ist es in Ordnung, industriell ist es jedoch ebenso zu vermeiden. Auch Milch enthält Zucker – nämlich *Laktose*. Immer noch ist nicht ganz klar, ob der Verzehr von Milchprodukten gesundheitsförderlich oder eher -schädigend ist. Laktose wird industriell aus Molke gewonnen und führt bei vielen Menschen, die diese Zuckerart nicht richtig verwerten können, zu Verdauungsbeschwerden.

Milchzucker besitzt aber eine deutlich geringere Süßkraft als andere Zuckerarten. *Sorbit* oder auch Sorbitol und *Gluticol* sind ebenfalls Zucker, die natürlicherweise vorkommen und auch bei einer vermeintlich zuckerfreien Ernährung zugenommen werden dürfen. Sie sind vor allem in Früchten wie Datteln, Pflaumen oder Rosinen enthalten. Jedoch können sie in größeren Mengen abführend wirken und werden bei der Verdauung in Fruktose umgewandelt. Von der Industrie wurden die Stoffe mittlerweile aber auch entdeckt und sind in vielen „zuckerfreien“ Produkten enthalten. So finden sie Verwendung in Kaugummis, Zahnpasta oder Diabetikerprodukten.

Tatsächlich ist es wichtig, dem Körper beim Frühstück Kohlenhydrate zu liefern. Eine Mahlzeit sollte jedoch immer auch ausreichende Teile der anderen Nährwerte – also Fette und Proteine – enthalten. Außerdem ist auf gesunde und langfristig Energie-spendende Kohlenhydrate zu achten. Obst oder bestimmte Getreide sind hierbei das Mittel der Wahl. Welche leckeren Gerichte sich für einen gesunden Start in den Tag eignen, wird Ihnen nachfolgend vorgestellt. Sie sollten dabei jedoch nie die richtige Getränkewahl vergessen! Eine süße Limo oder auch der warme Kakao enthalten viel mehr Zucker, als Sie denken. Um eine wirklich zuckerfreie Ernährung zu bewerkstelligen, sollte also auch das Trinkverhalten überdacht werden. Trotzdem eignet sich morgens ein warmes Getränk, um den Magen schonend aufzuwecken. Achten Sie also zum Beispiel auf ungesüßten Tee oder Kaffee.

# KNUSPERMÜSLI

10 Port. 40 Min. leicht

**Zutaten**

50 g Walnüsse
1 Prise Salz
50 g Kürbiskerne
50 g getrocknete Cranberrys
etwas Zimt
50 g Haselnüsse
200 g Haferflocken
50 g Kokosöl
300 g ungesüßtes Apfelmus

**Nährwerte**

*242 kcal*
*20 g Kohlenhydrate*
*15 g Fett*
*6 g Eiweiß*

1 Kokosöl in einem Topf zum Schmelzen bringen und mit dem Apfelmus vermengen. Walnüsse, Kürbiskerne, Haferflocken, Cranberrys, Zimt und Salz einmischen. Dann das Gemisch auf ein Backblech mit Backpapier geben und verteilen.

2 Bei 150 °C Ober- und Unterhitze im heißen Ofen eine halbe Stunde backen. Alle 5 Minuten einmal den Ofen öffnen, die Feuchtigkeit entweichen lassen und die Masse umrühren.

3 Das Müsli komplett abkühlen lassen und in einem luftdichten Behälter aufbewahren.

# LOW-CARB-PFANNKUCHEN

5 Port.

25 Min.

mittel

**Zutaten**

2 TL Kokosöl
100 g Frischkäse
100 g Mandelmehl
½ TL Zimt
30 g Erythrit
2 Eier
200 ml Mandelmilch

**Nährwerte**

*248 kcal*
*3 g Kohlenhydrate*
*22 g Fett*
*10 g Eiweiß*

1 Eier verquirlen und mit Erythrit, Frischkäse, Mandelmilch und Zimt vermischen. Mandelmehl nach und nach unterheben und zu einem glatten Gemisch verarbeiten.

2 Kokosöl in einer Pfanne erwärmen und den Teig portionsweise darin beidseitig zu Pfannkuchen ausbacken.

# WAFFEL-GEMÜSE-SANDWICH

2 Port.

25 Min.

mittel

**Zutaten**

4 Salatblätter
50 g Butter
2 Eier
1 EL Rapsöl
1 TL Backpulver
150 g Cherrytomaten
150 g Dinkelvollkornmehl
60 ml Mineralwasser
100 g Gurke
2 EL Frischkäse
etwas Pfeffer
etwas Salz

**Nährwerte**

*680 kcal*
*53 g Kohlenhydrate*
*42 g Fett*
*21 g Eiweiß*

1 Backpulver, Salz, Pfeffer und Mehl vermengen. Butter in einem Topf erwärmen und mit Eiern und Wasser in die trockenen Zutaten einarbeiten.

2 Waffeleisen mit Öl benetzen und den Teig darin zu Waffeln backen. Währenddessen Tomaten, Salat und Gurke putzen und in Streifen oder Scheiben schneiden.

3 Waffeln mit Frischkäse bestreichen und mit Salat, Tomaten und Gurke belegen. Nochmals salzen und pfeffern und dann servieren.

# PFLAUMENMUS

10 Port.

140 Min.

leicht

**Zutaten**

2 kg Pflaumen
1 Prise gemahlene Vanille
1 TL Zimt

**Nährwerte**

*91 kcal*
*20 g Kohlenhydrate*
*0 g Fett*
*1 g Eiweiß*

1 Pflaumen waschen, von den Kernen befreien und vierteln. Den Ofen auf 180 °C Ober- und Unterhitze vorheizen.

2 Pflaumen in eine Auflaufform geben, mit Vanille und Zimt mischen und 120 Minuten backen. Ab und an die Ofentür öffnen und das Gemisch vermengen. Danach alles zusammen pürieren.

3 Zwei Einmachgläser bereitstellen und mit kochendem Wasser ausspülen. Das noch heiße Pflaumenmus hineingeben und gut verschließen.

# FLOHSAMEN-BEEREN-JOGHURT

2 Port.

15 Min.

leicht

**Zutaten**

100 g Erdbeeren
1 TL Chiasamen
300 g Kokosjoghurt
1 EL Kokosflocken
1 TL geschälte Hanfsamen
1 EL gemahlene Flohsamenschalen
100 g Heidelbeeren

**Nährwerte**

*221 kcal*
*14 g Kohlenhydrate*
*15 g Fett*
*5 g Eiweiß*

1 Chiasamen, Kokosjoghurt, Hanfsamen und Flohsamenschalen vermengen und 10 Minuten quellen lassen.

2 Währenddessen die Beeren waschen und verlesen, die Erdbeeren halbieren. Joghurt auf zwei Schalen verteilen, Kokosflocken hineingeben und mit den Beeren toppen.

# QUARK-FRÜHSTÜCK

1 Port.

5 Min.

leicht

**Zutaten**

2 EL Leinsamen
125 g Magerquark
30 g Milch
2 EL Hanfsamen
20 g Walnüsse
½ Banane
4 EL Quinoa
1 TL Leinöl

**Nährwerte**

*524 kcal*
*24 g Kohlenhydrate*
*33 g Fett*
*31 g Eiweiß*

1 Die halbe Banane mit einer Gabel zu Mus zerdrücken und in den Quark mischen. Die Walnüsse hacken.

2 Alle Zutaten miteinander vermischen, sodass sie gleichmäßig im Quark verteilt sind.

# HAFERFLOCKEN-ERDBEER-FRÜHSTÜCK

1 Port.

5 Min., Ruhezeit: 10 Min.

leicht

**Zutaten**

2 EL geschroteter Leinsamen
6 EL Haferflocken
150 g Erdbeeren
200 ml Hafermilch

**Nährwerte**

*365 kcal*
*48 g Kohlenhydrate*
*12 g Fett*
*12 g Eiweiß*

1 Leinsamen, Hafermilch und Haferflocken in eine Schüssel geben, vermengen und 10 Minuten quellen lassen.

2 Währenddessen die Erdbeeren putzen und in Stücke schneiden. In den fertigen Brei rühren und servieren.

# FRÜHSTÜCKSBREI

2 Port.

15 Min.

leicht

**Zutaten**

3 EL Walnüsse
2 Karotten
1 Prise Salz
2 Äpfel
50 g Buchweizengrieß
1 Banane
1 EL Rapsöl
400 g Wasser

**Nährwerte**

*376 kcal*
*49 g Kohlenhydrate*
*17 g Fett*
*6 g Eiweiß*

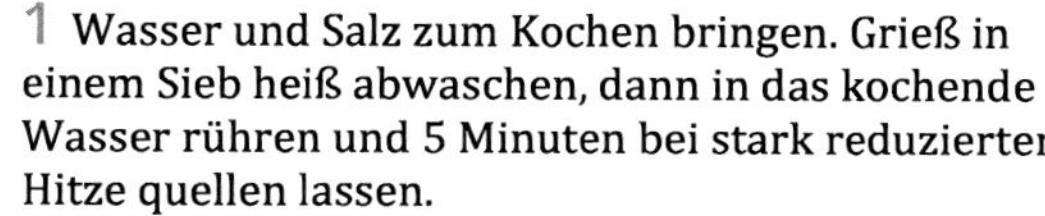
1 Wasser und Salz zum Kochen bringen. Grieß in einem Sieb heiß abwaschen, dann in das kochende Wasser rühren und 5 Minuten bei stark reduzierter Hitze quellen lassen.

2 Währenddessen Karotten putzen, schälen und reiben. Ebenso mit den Äpfeln verfahren. Banane schälen und mit einer Gabel grob zerdrücken.

3 Obst und Öl unter den Grieß heben, auf zwei Schalen verteilen und servieren.

# OBSTSALAT

2 Port.

15 Min.

leicht

**Zutaten**

2 Kiwis
2 Äpfel
200 g Erdmandelflocken
250 g Erdbeeren
1 Orange
80 g Heidelbeeren
150 ml Orangensaft

**Nährwerte**

*363 kcal*
*54 g Kohlenhydrate*
*13 g Fett*
*4 g Eiweiß*

1 Äpfel und Kiwis schälen und klein schneiden. Erdbeeren putzen und halbieren, Blaubeeren verlesen. Orangensaft und Mandelflocken miteinander mischen und 5 Minuten quellen lassen.

2 Alles in eine Schüssel geben und vermengen.

# ARME RITTER

4 Port.

15 Min.

leicht

**Zutaten**

etwas Pfeffer
4 Eier
4 Scheiben Vollkornbrot
etwas Salz
4 EL Milch
4 EL Rapsöl
12 Himbeeren

**Nährwerte**

*412 kcal*
*42 g Kohlenhydrate*
*18 g Fett*
*16 g Eiweiß*

1 Eier und Milch miteinander verquirlen, salzen und pfeffern. Öl in einer Pfanne erhitzen, Himbeeren derweil verlesen.

2 Die Scheiben nacheinander im Eigemisch wenden, dann beidseitig goldbraun anbraten. Auf einem Stück Küchenpapier abtropfen lassen, danach mit den Himbeeren garniert servieren.

# TONKA-WAFFELN

4 Port.

15 Min.,
Ruhezeit:
15 Min.

leicht

## Zutaten

2 TL Backpulver
250 g Mehl
etwas Fett
¼ Tonkabohne
200 ml Mandeldrink
100 g gemahlene Mandeln
2 Bananen
1 EL Pflanzenöl
etwas Salz
125 ml Wasser

## Nährwerte

*452 kcal*
*64 g Kohlenhydrate*
*17 g Fett*
*13 g Eiweiß*

1 Bananen schälen und mit einer Gabel zu Mus zerdrücken. Tonkabohne fein reiben, dann mit allen anderen Zutaten, bis auf das Fett, zu einer homogenen Masse verarbeiten. Eine Viertelstunde ruhen lassen.

2 Das Waffeleisen etwas einfetten und den Teig darin nacheinander zu Waffeln ausbacken.

# MANGO-BANANEN-OATS

1 Port.

15 Min., Ruhezeit: 12 Std.

leicht

**Zutaten**

40 g Haferflocken
1 TL Leinsamen
½ Mango
1 EL Chiasamen
120 ml Mandeldrink
½ Banane

**Nährwerte**

*446 kcal*
*53 g Kohlenhydrate*
*16 g Fett*
*13 g Eiweiß*

1 Banane schälen, Mango ebenso und entkernen. Das Fruchtfleisch mit einem Schluck Mandeldrink in einen Standmixer geben und pürieren.

2 Chiasamen, Leinsamen und die restliche Mandelmilch miteinander vermischen, verschließen und über Nacht im Kühlschrank lagern.

3 Am Morgen abwechselnd etwas Mangomus, Müsli, dann wieder Mangomus in einem verschließbaren Glas schichten.

# GRIECHISCHES OMELETT

1 Port.

25 Min.

leicht

**Zutaten**

1 EL Olivenöl
1 grüne Spitzpaprika
75 g fettarmer Schafskäse
2 Eier
etwas Petersilie
etwas Salz
1 rote Zwiebel
etwas Pfeffer
3 schwarze Oliven
1 Handvoll Cocktailtomaten

**Nährwerte**

*498 kcal*
*12 g Kohlenhydrate*
*38 g Fett*
*30 g Eiweiß*

1 Tomaten nach dem Waschen halbieren, Paprika putzen, entkernen und in Streifen schneiden. Zwiebel abziehen und in Ringe teilen. Eier quirlig aufschlagen, salzen und pfeffern. Oliven in Scheiben schneiden.

2 Olivenöl in einer Pfanne erwärmen, Zwiebel darin anschwitzen, dann die Paprika hinzu-fügen. Kurz braten, dann salzen und pfeffern.

3 Eier in die Pfanne gießen und bei reduzierter Hitze stocken lassen. Tomaten, Oliven und zerbröselten Käse darauf verteilen und komplett fest werden lassen. Petersilie nach dem Waschen trocken schütteln und hacken. Das fertige Omelett damit garnieren.

# HAFERFLOCKEN-QUARK-BRÖTCHEN

6 Port.

40 Min.

mittel

### Zutaten

200 g Haferflocken
2 Eier
250 g Magerquark
50 g Zucchini
1 TL frische Kräuter
50 g fettarmer Joghurt
½ Pck. Backpulver

### Nährwerte

*185 kcal*
*23 g Kohlenhydrate*
*4 g Fett*
*12 g Eiweiß*

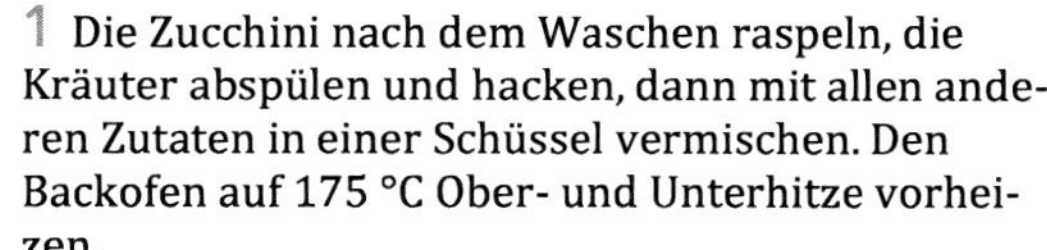
1 Die Zucchini nach dem Waschen raspeln, die Kräuter abspülen und hacken, dann mit allen anderen Zutaten in einer Schüssel vermischen. Den Backofen auf 175 °C Ober- und Unterhitze vorheizen.

2 Die Hände anfeuchten und aus dem Teig kleine Kugeln formen. Diese auf einem Back-blech mit Backpapier andrücken. Etwa 20 Minuten im heißen Ofen backen, dann abkühlen lassen und zum Frühstück nach Belieben belegen.

# GEMÜSE-PANCAKES

1 Port. 35 Min. leicht

**Zutaten**

etwas Schnittlauch
1 Handvoll Pilze
1 EL Rapsöl
1 Handvoll Spinat
75 ml Sojadrink
3 EL Vollkornmehl
1 Ei
1 Karotte
etwas Pfeffer
1 TL Backpulver
etwas Salz
1 EL Mineralwasser mit Kohlensäure

**Nährwerte**

*185 kcal*
*23 g Kohlenhydrate*
*4 g Fett*
*12 g Eiweiß*

1 Das Ei trennen und Eiweiß mit etwas Salz steif aufschlagen. Backpulver, Eigelb, Wasser, Sojadrink und Mehl miteinander vermengen. Die Karotte schälen und raspeln. Zusammen mit dem Eischnee vorsichtig unter den Teig heben.

2 Schnittlauch abspülen und in Röllchen schneiden. Spinat und Pilze putzen und klein schneiden, dann in einer beschichteten Pfanne anbraten. Mit Salz, Pfeffer und Schnittlauch verfeinern.

3 Rapsöl in einer Pfanne verteilen und darin den Teig zu Pancakes ausbacken. Das gebratene Gemüse über die Pancakes geben und servieren.

# TOMATEN-AVOCADO-TOAST

1 Port.

10 Min.

leicht

**Zutaten**

etwas Pfeffer
1 Avocado
1 gekochtes Ei
2 Scheiben Vollkornbrot
etwas Salz
2 Strauchtomaten

**Nährwerte**

*356 kcal*
*40 g Kohlenhydrate*
*13 g Fett*
*15 g Eiweiß*

1 Avocado aufschneiden, Kern herauslösen und das Fruchtfleisch in Scheiben schneiden. Tomaten putzen und ebenso in Scheiben schneiden.

2 Die Scheiben gleichmäßig erst mit Avocado, dann mit Tomaten belegen. Salz und Pfeffer darüber streuen. Ei in Scheiben schneiden und darauf platzieren.

# BLAUBEER-QUESADILLAS

2 Port.

20 Min.

mittel

**Zutaten**

125 g Blaubeeren
200 g Frischkäse
1 großer Tortillafladen
1 EL Butter
2 TL Agavendicksaft

**Nährwerte**

*468 kcal*
*34 g Kohlenhydrate*
*31 g Fett*
*11 g Eiweiß*

1 Agavendicksaft und Frischkäse verquirlen. Die entstandene Creme auf den Fladen streichen. Blaubeeren waschen und verlesen.

2 Beeren auf einer Hälfte des Fladens verteilen und diesen dann zusammenklappen. Butter in einer Pfanne bei mittlerer Hitze zum Schmelzen bringen und den Fladen darin von jeder Seite anbraten.

3 Quesadilla in vier gleich große Stücke teilen und servieren.

# QUARK-HÖRNCHEN

 9 Port.

 50 Min.

 schwer

**Zutaten**

3 Eigelbe
250 g weiche Butter
1 Pck. Backpulver
2 EL Milch
300 g Mehl
125 g Magerquark
1 Prise Salz

**Nährwerte**

*357 kcal*
*25 g Kohlenhydrate*
*26 g Fett*
*6 g Eiweiß*

1 Ein Backblech mit Backpapier auskleiden und den Ofen auf 180 °C Ober- und Unterhitze vorheizen. 2 Eigelbe und Butter schaumig aufschlagen, dann Salz und Quark einmengen und zu einer glatten Masse verarbeiten.

2 Backpulver und Mehl vermengen und in die Masse sieben. Alle anderen Zutaten, außer das übrige Eigelb und die Milch, hinzufügen. Einen Teig formen und diesen rechteckig auf einer bemehlten Arbeitsfläche ausrollen.

3 Den Teig halbieren und aus beiden Hälften je 9 Dreiecke schneiden. Dreiecke zu Hörnchen aufrollen. Milch und Eigelb verquirlen. Die Hörnchen damit bestreichen, auf das Back-blech geben und 20 Minuten backen, bis die Hörnchen eine goldbraune Färbung angenommen haben.

# PFIRSICH-TOPPING AUF ARME RITTER

2 Port.

30 Min.

mittel

**Zutaten**

4 Scheiben Vollkorntoast
3 TL Agavendicksaft
50 g Ziegenfrischkäse
2 Eier
½ Bio-Limette
3 TL Butter
3 EL Milch
125 g Magerquark
2 Plattpfirsiche
1 Rosmarinzweig

**Nährwerte**

*394 kcal*
*37 g Kohlenhydrate*
*17 g Fett*
*22 g Eiweiß*

1 Milch und Eier verquirlen, in eine Auflaufform geben und mit den Toastscheiben belegen. Kurz ziehen lassen, dann wenden. Pfirsiche putzen, entkernen und in Scheiben schneiden. Rosmarin waschen und die Nadeln abzupfen.

2 1 TL Butter in einer Pfanne erwärmen, Rosmarin, Pfirsiche und 1 TL Agavendicksaft ein-rühren und kurz anbraten. Vom Herd nehmen. Restliche Butter in einer weiteren Pfanne erhitzen. Toastscheiben darin je Seite 4 Minuten anbraten.

3 Limette heiß abwaschen, Schale abreiben und den Saft auspressen. Frischkäse, Quark und Limettenschale vermischen. Arme Ritter mit Rosmarin-Pfirsichen und dem Dip anrichten. Schließlich mit Limettensaft und restlichem Agavendicksaft beträufeln.

# HAGEBUTTEN-FRENCH-TOAST

2 Port.

25 Min.

mittel

**Zutaten**

3 EL Milch
2 TL Hagebuttenmark
300 g Zwetschgen
2 Eier
50 g Ziegenfrischkäse
3 TL Agavendicksaft
3 TL Butter
125 g Magerquark
4 Scheiben Vollkorntoast

**Nährwerte**

*458 kcal*
*42 g Kohlenhydrate*
*21 g Fett*
*23 g Eiweiß*

1 Milch und Eier vermengen und in eine Auflaufform geben. Toastscheiben hineingeben, kurz warten, dann wenden. Zwetschgen putzen, entkernen und vierteln. 1 TL Butter in einer Pfanne zum Schmelzen bringen, dann 1 TL Agavendicksaft einrühren.

2 Kurz bei mittlerer Hitze anbraten, dann restliche Butter in einer weiteren Pfanne erhitzen. Die Toastscheiben darin beidseitig goldbraun anbraten. Frischkäse und Quark mit einem Schneebesen verquirlen.

3 Hagebuttenmark in das Quarkgemisch geben und kräftig vermischen. Die fertig gebratenen Toastscheiben mit dem restlichen Agavendicksaft beträufeln, dann mit den Zwetschgen belegen und mit dem Hagebutten-Quark abschließen.

# Suppen

# DAS HALTE ICH DOCH NIEMALS DURCH!

Viele denken, dass sie es niemals schaffen werden, sich zuckerfrei zu ernähren. Und ja, besonders die erste Umgewöhnungsphase fällt dem ein oder anderen schwer. Es kann zu körperlichen und psychischen Symptomen kommen. Heißhunger auf Süßes, Kopfschmerzen oder auch einfach schlechte Laune können auftreten. Aber weitermachen lohnt sich! Nach etwa drei Wochen hat sich der Körper umgestellt und die Ernährung fällt um einiges leichter. Der Mensch ist ein Gewohnheitstier und das Gehirn kann sich auch an veränderte Essgewohnheiten gewöhnen, wenn Sie nur am Ball bleiben. Und das Tolle ist: Nach anfänglichen Symptomen kommen die positiven Folgen der zuckerfreien Ernährung zum Vorschein.

Nicht nur, dass viele Menschen abnehmen und sich generell gesünder ernähren. Eine zuckerfreie Ernährung kann die Haut jünger und reiner machen, Regelschmerzen mindern, den Schlaf verbessern und das generelle Wohlbefinden steigern. Eigentlich wissen wir auch alle, dass der viele Zucker, den wir zu uns nehmen, nicht gut für uns ist. Daher heißt die Devise, den eigenen Schweinehund zu überwinden und künstlichem Zucker den Kampf anzusagen!

Nur wie geht man so eine komplette Ernährungsumstellung am besten an? Mit dem Ausmisten! Nehmen Sie sich einen Tag vor und durchforsten Sie Ihre komplette Küche. Schauen Sie auf alle Zutatenlisten Ihrer Vorräte und entfernen Sie jegliche Lebensmittel, die Zucker enthalten. Wie wir schon gesehen haben, gibt es fast unzählige Namen für Zucker. Dabei lautet eine Faustregel: Finger weg von allen Stoffen, die auf -ose enden, denn das ist nur versteckter Zucker! Nachdem Sie Ihre Küche zuckerfrei gestaltet haben, sollten Sie sich einen Ernährungsplan für die erste Woche erstellen und am besten auf viel Abwechslung und für Sie besonders leckere Rezepte setzen. Dann fällt es Ihnen leichter, die erste Phase zu überstehen. Danach gehen Sie einkaufen und auch hier müssen Sie noch einmal ganz genau auf die Zutatenlisten schauen.

Viele Lebensmittel, die eigentlich gar nicht süß sind, enthalten Zucker. Auch bei Wurst, Brot oder Konserven wird oft Zucker für die bessere Haltbarkeit eingesetzt. Vergessen Sie auf gar keinen Fall genügend Snacks. Wenn Sie in der ersten Zeit der Hunger nach Süßem quält, können Sie auf Trockenobst wie Datteln oder Aprikosen setzen, sodass Sie weniger versucht sind, Ihr Projekt erfolglos abzubrechen. Zudem sollten Sie sich nach dem Einkaufen einen Nachmittag freischaufeln und Ihr Essen für die ersten Tage vorkochen. Da eignen sich besonders die nachfolgenden Suppenrezepte gut! Bereiten Sie alles vor und lagern Sie die Gerichte haltbar verschlossen im Kühlschrank. So müssen Sie das Essen nur noch am entsprechenden Tag aufwärmen. Wenn Sie also Hunger überfällt, müssen Sie nicht erst aufwendig kochen, sondern können sehr schnell Ihren Magen füllen. Auch dieser Tipp sorgt dafür, dass Sie weniger dazu neigen, nach süßen Alternativen zu greifen. Falls Sie vor einer radikalen Ernährungsumstellung zurückschrecken, können Sie versuchen, Ihren Zuckerkonsum erheblich zu reduzieren, aber nicht ganz einzustellen. Integrieren Sie zum Beispiel jeden Tag ein zuckerfreies Rezept in Ihren Speiseplan und haben Sie zudem im Blick, wie viel Gramm Zucker Sie zu sich nehmen.

Egal, ob Sie die Suppe als Vorspeise oder leichtes Mittag- oder Abendessen nutzen. Mit frischen Gemüsezutaten gönnen Sie Ihrem Körper eine ordentliche Nährstoffportion, die den Blutzucker lange stabil hält und somit Heißhungerattacken verhindert. In dieser Kategorie können Sie zudem sehr kreativ sein! Gefällt Ihnen eine Zutat in der Suppe nicht? Kein Problem! Theoretisch können Sie das eine Gemüse einfach durch ein anderes ersetzen. Aber auch leckere Creme- oder Nudelsuppen gehen ebenso zuckerfrei! Sie müssen nicht verzichten, um sich gesund zu ernähren.

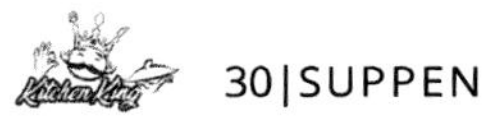

# VEGANE BLUMENKOHLSUPPE

2 Port.

25 Min.

leicht

**Zutaten**

125 ml Sojasahne
500 g Blumenkohl
1 TL Senf
etwas Schnittlauch
2 Knoblauchzehen
1 Zwiebel
etwas Pfeffer
1 EL Olivenöl
1 Lorbeerblatt
200 g Kartoffeln
etwas Salz
1 Stange Lauch
700 ml Gemüsebrühe

**Nährwerte**

*365 kcal*
*28 g Kohlenhydrate*
*22 g Fett*
*12 g Eiweiß*

1 Lauch putzen und in Ringe schneiden, Knoblauch und Zwiebel abziehen und hacken. Kartoffeln gründlich abspülen und in Viertel schneiden, Blumenkohl nach dem Putzen in die einzelnen Röschen teilen.

2 Öl in einem Topf erhitzen, Lauch und Zwiebel darin kurz anschwitzen, dann den Knoblauch einrühren. Lorbeerblatt, Kartoffeln, Sojasahne, Blumenkohl und Gemüsebrühe hinzufügen, aufkochen und 15 Minuten köcheln lassen.

3 Währenddessen den Schnittlauch unter fließendem Wasser waschen und in Röllchen schneiden. Das Lorbeerblatt aus dem Topf herausfischen, den Senf einmengen und alles mit einem Stabmixer sämig pürieren. Salzen, pfeffern und mit Schnittlauch bestreuen.

# ASIATISCHE NUDELSUPPE

2 Port.

35 Min.

leicht

**Zutaten**

800 ml Gemüsebrühe
200 g Konjak-Nudeln
2 Paprika
etwas Dill
1 Zwiebel
2 EL Olivenöl
4 Shiitakepilze
4 Austernpilze

**Nährwerte**

*299 kcal*
*15 g Kohlenhydrate*
*16 g Fett*
*5 g Eiweiß*

1 Zwiebel schälen und hacken und im heißen Öl in einem Topf anbraten. Beide Pilzsorten putzen, Paprika waschen und entkernen. Alles zerkleinern. Mit in den Topf geben und 5 Minuten andünsten.

2 Gemüsebrühe angießen und einmal aufkochen lassen. 20 Minuten bei reduzierter Hitze und unter gelegentlichem Rühren köcheln lassen. Währenddessen die Nudeln nach Packungsanleitung garen.

3 Nudeln nach 18 Minuten Kochzeit hinzugeben. Dill waschen, hacken und die fertige Suppe damit garnieren.

# MAISSUPPE

4 Port.

20 Min.

leicht

**Zutaten**

400 g Kokosmilch
½ Chilischote
etwas Pfeffer
1 Knoblauchzehe
1 EL Olivenöl
300 g Mais
1 EL Chiasamen
etwas Petersilie
1 TL Kurkuma
1 EL Zitronensaft
etwas Salz
1 Zwiebel
1 TL Currypulver

**Nährwerte**

*325 kcal*
*17 g Kohlenhydrate*
*26 g Fett*
*5 g Eiweiß*

1 Knoblauch und Zwiebel nach dem Häuten hacken, Chili waschen und in Streifen schneiden. Im heißen Öl 3 Minuten anschwitzen. Kurkuma und Curry einrühren, 1 Minuten anrösten, dann den Mais hinzufügen.

2 Kokosmilch und Gemüsebrühe einmengen, aufkochen und 10 Minuten köcheln lassen. Ab und an umrühren. Währenddessen die Petersilie abspülen und hacken.

3 Die Suppe mit einem Pürierstab pürieren und die entstandene Creme mit Pfeffer, Salz und Zitronensaft abschmecken. Mit Chiasamen und Petersilie bestreut servieren.

# GEMÜSESUPPE

2 Port.

25 Min.

leicht

**Zutaten**

1 Stange Lauch
½ Bund Petersilie
1 rote Paprika
2 Karotten
etwas Pfeffer
700 ml Gemüsebrühe
2 Kartoffeln
150 g Zucchini
2 EL Olivenöl
etwas Salz

**Nährwerte**

*434 kcal*
*54 g Kohlenhydrate*
*16 g Fett*
*11 g Eiweiß*

1 Kartoffeln und Karotten schälen und klein schneiden. Lauch putzen und in Streifen schneiden, Zucchini nach dem Putzen stückeln. Paprika abspülen, entkernen und würfeln.

2 Das Gemüse in einem Topf mit dem erhitzten Olivenöl anbraten, danach die Brühe angießen und alles eine Viertelstunde köcheln lassen. Salzen und pfeffern.

3 Währenddessen die Petersilie waschen und die Blätter abzupfen. Suppe mit der Petersilie garniert servieren.

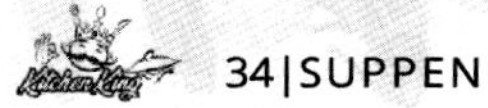

# TOMATENSUPPE

2 Port.

50 Min.

mittel

**Zutaten**

½ Zwiebel
100 g leicht gesalzenes Mikrowellen-Popcorn
etwas Pfeffer
3 Karotten
etwas Salz
500 ml Gemüsebrühe
10 rote Cocktailtomaten

**Nährwerte**

*289 kcal*
*48 g Kohlenhydrate*
*5 g Fett*
*9 g Eiweiß*

1 Popcorn in der Mikrowelle 4 Minuten aufpuffen lassen, dann beiseitestellen. Karotten schälen und raspeln, Gemüsebrühe in einem Topf aufkochen lassen und die Karotten darin 13 Minuten garen.

2 In der Zwischenzeit die Tomaten nach dem Waschen halbieren, Zwiebel abziehen und in Streifen schneiden. Zwiebeln und die Tomaten in die Brühe geben und eine weitere halbe Stunde köcheln lassen.

3 Schließlich mit einem Pürierstab pürieren, danach noch mal kurz aufkochen lassen. Suppe salzen und pfeffern. Popcorn darüber verteilen.

# KALTE RADIESCHEN-GURKEN-SUPPE

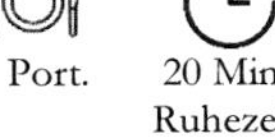

6 Port. | 20 Min., Ruhezeit: 30 Min. | mittel

**Zutaten**

½ Zwiebel
100 g leicht gesalzenes Mikrowellen-Popcorn
etwas Pfeffer
3 Karotten
etwas Salz
500 ml Gemüsebrühe
10 rote Cocktailtomaten

**Nährwerte**

*120 kcal*
*21 g Kohlenhydrate*
*8 g Fett*
*10 g Eiweiß*

1 Schalotten und Knoblauch abziehen und hacken. Gurke putzen, aufschneiden, entkernen und würfeln. Rucola abspülen und trocken schütteln, die Radieschen waschen, die eine Hälfte in Stücke, die andere in Scheiben schneiden.

2 Die Pinienkerne ohne Fett in einer Pfanne goldbraun rösten. Schalotten, Rucola, Brühe, Radieschenstücke, Gurke, Sahne und Knoblauch in einen Standmixer geben und pürieren. Mit Salz und Pfeffer abschmecken.

3 Die Suppe vor dem Servieren mindestens eine halbe Stunde kaltstellen. Dann mit den geputzten Sprossen, Pinienkernen und den Radieschenscheiben toppen und servieren.

# LAUCH-KARTOFFEL-SUPPE

4 Port.

30 Min.

mittel

**Zutaten**

2 Lorbeerblätter
2 EL Olivenöl
250 g Karotten
etwas Pfeffer
300 g Kartoffeln
½ TL Kurkuma
3 EL Gemüsebrühe
250 g Lauch
30 g gehobelte Mandeln
etwas Thymian
2 Knoblauchzehen
1 Bio-Zitrone
etwas Salz
1 l Wasser

**Nährwerte**

*198 kcal*
*25 g Kohlenhydrate*
*9 g Fett*
*5 g Eiweiß*

1 Lauch nach dem Waschen in Ringe schneiden, Kartoffeln und Karotten schälen und in Würfel schneiden. Knoblauch abziehen und hacken. Olivenöl in einem Topf erhitzen und das vorbereitete Gemüse darin 3 Minuten anschwitzen.

2 Knoblauch hinzufügen und kurz mitdünsten. Brühe im Wasser auflösen und angießen. Kurkuma, Thymian und Lorbeerblätter in die Suppe geben, aufkochen und eine Viertelstunde köcheln lassen.

3 In der Zwischenzeit die Zitrone abwaschen und die Schale abreiben. Den Saft einer Hälfte auspressen. Mandeln in einer Pfanne ohne Fett anrösten. Lorbeerblätter aus der Suppe herausfischen, alles pürieren, dann Pfeffer, Zitronensaft und Salz einrühren. Die Suppe mit Zitronenschalen und Mandeln garnieren.

# BROKKOLI-SUPPE

3 Port.

30 Min.

mittel

**Zutaten**

1 Knoblauchzehe
etwas Pfeffer
1 Zwiebel
etwas Salz
2 EL Gemüsebrühe
500 g Brokkoli
1 Msp. geriebene Muskat-nuss
1 Selleriestange
etwas Wasser

**Nährwerte**

*73 kcal*
*8 g Kohlenhydrate*
*1 g Fett*
*7 g Eiweiß*

1 Knoblauch und Zwiebel schälen und fein würfeln. Brokkoli nach dem Putzen in einzelne Röschen teilen. Sellerie waschen und in Scheiben schneiden.

2 Brühe, Zwiebel, Sellerie, Knoblauch und Brokkoli in einen Topf füllen, dann alles komplett mit Wasser bedecken, aufkochen und 10 Minuten köcheln lassen.

3 Den Topf vom Herd ziehen und 1/3 des Wassers abschöpfen. Nun mit einem Pürierstab zu einer sämigen Suppe pürieren. Mit Muskatnuss, Pfeffer und Salz abschmecken.

# PETERSILIE-KOHLRABI-SUPPE

3 Port.

30 Min.

mittel

**Zutaten**

2 EL Gemüsebrühe
etwas Pfeffer
2 Kohlrabi
2 EL fettarmer Frischkäse
1 Zwiebel
etwas Salz
1 Bund Petersilie
etwas Wasser

**Nährwerte**

*90 kcal*
*12 g Kohlenhydrate*
*1 g Fett*
*7 g Eiweiß*

1 Kohlrabi und Zwiebel schälen und stückeln. 3 EL Wasser in einen Topf geben, erwärmen und Zwiebel darin anschwitzen. Kohlrabi und Gemüsebrühe hinzufügen. Alles komplett mit Wasser bedecken und 15 Minuten köcheln lassen.

2 Den Topf vom Herd ziehen und 1/3 des Wassers abschöpfen. Nun die Petersilie abspülen und hacken. Mit dem Frischkäse in die Suppe einrühren und alles zu einer cremigen Masse pürieren. Salzen und pfeffern.

# GELBE SUPPE

6 Port.

35 Min.

mittel

**Zutaten**

6 Cocktailtomaten
3 EL Kokosöl
250 g Kartoffeln
6 TL saure Sahne
1 Stück Ingwer
1 Pck. Gartenkresse
2 Schalotten
2 gelbe Paprika
etwas Pfeffer
150 ml fettarme Milch
etwas Salz
600 ml Gemüsebrühe

**Nährwerte**

*111 kcal*
*10 g Kohlenhydrate*
*6 g Fett*
*2 g Eiweiß*

1 Paprika waschen, entkernen und würfeln. Kartoffeln und Schalotten häuten und ebenso zerkleinern. Ingwer schälen und hacken, Öl in einer Pfanne erwärmen und Ingwer und Schalotten anschwitzen.

2 Kartoffeln und Paprika einrühren und andünsten. Alles salzen und pfeffern. Kokosmilch und Brühe angießen, aufkochen und 10 Minuten köcheln lassen. Danach das Gemisch zu einer Suppe pürieren und diese abschmecken.

3 Tomaten waschen und halbieren, etwas Kresse abschneiden und abspülen. Suppe anrichten und mit Tomaten und Kresse bestreuen.

# CHAMPIGNON-SUPPE

3 Port. 30 Min. leicht

## Zutaten

500 g Champignons
75 ml fettarme Milch
2 Zwiebeln
1 EL Butter
etwas Pfeffer
etwas Salz
1 TL Zitronensaft
etwas Wasser
1 Handvoll Petersilie

## Nährwerte

*180 kcal*
*5 g Kohlenhydrate*
*10 g Fett*
*6 g Eiweiß*

1 Petersilie nach dem Waschen hacken, die Pilze putzen und in Scheiben schneiden. Die Zwiebel abziehen und hacken. Butter in einem Topf erwärmen und darin Pilze und Zwiebel anschwitzen.

2 Salz einrühren und alles komplett mit Wasser bedecken, aufkochen und 10 Minuten köcheln lassen. Anschließend Milch hinzufügen und mit einem Stabmixer zu einer Suppe pürieren. Petersilie und Zitronensaft einrühren und salzen und pfeffern.

# ZUCCHINI-SUPPE

3 Port.

25 Min.

leicht

**Zutaten**

1 EL Olivenöl
3 Zucchini
etwas Wasser
etwas Pfeffer
3 EL saure Sahne
etwas Salz
½ Zwiebel
1 EL Gemüsebrühe

**Nährwerte**

*102 kcal*
*8 g Kohlenhydrate*
*5 g Fett*
*5 g Eiweiß*

1 Zwiebel abziehen und hacken, Zucchini gründlich abwaschen, Enden abschneiden und mit der Schale in mundgerechte Stücke schneiden. Olivenöl in einem Topf erwärmen, dann die Zwiebel darin anschwitzen.

2 Zucchini und Gemüsebrühe einrühren. Alles komplett mit Wasser bedecken, dann aufkochen und 7 Minuten köcheln lassen. Den Topf nun vom Herd ziehen und etwa 1/3 des Wassers abschöpfen.

3 Das Gemisch mit einem Pürierstab sämig pürieren. Die saure Sahne einrühren, gut vermischen und salzen und pfeffern.

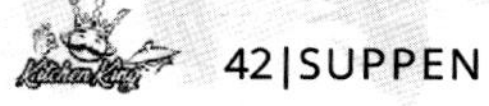

# SCHNELLE MINESTRONE

1 Port.

30 Min.

mittel

**Zutaten**

2 TL Kokosöl
1 Prise Pfeffer
50 g weiße Bohnen
130 g Hähnchenfleisch
1 Strauchtomate
200 g Suppengemüse
1 Knoblauchzehe
1 Zwiebel
etwas Kümmel
1 TL TK-Kräuter italienischer Art
1 Lorbeerblatt
300 ml Gemüsebrühe

**Nährwerte**

*400 kcal*
*26 g Kohlenhydrate*
*12 g Fett*
*41 g Eiweiß*

1 Knoblauch und Zwiebel abziehen und würfeln. Kokosöl in einem Topf erwärmen und Zwiebel und Knoblauch anschwitzen. Geputztes und klein geschnittenes Suppengemüse kurz anbraten.

2 Gemüsebrühe angießen und aufkochen lassen. Tomaten nach dem Waschen würfeln und mit dem Lorbeerblatt zur Suppe geben. Zugedeckt 10 Minuten köcheln lassen. Fleisch trocken tupfen und in Streifen schneiden.

3 Hähnchenfleisch und Bohnen zur Suppe geben. Noch mal 5 Minuten köcheln lassen, dann Kräuter und Pfeffer einrühren.

# ROTE-BETE-SUPPE

4 Port.

120 Min.

mittel

**Zutaten**

2 Dillzweige
2 Saftorangen
etwas Pfeffer
600 g Rote Bete
etwas Salz
2 EL Rapsöl
125 ml Sojacreme
800 ml Gemüsebrühe
3 Schalotten

**Nährwerte**

*186 kcal*
*17 g Kohlenhydrate*
*10 g Fett*
*4 g Eiweiß*

1 Rote Bete putzen und jedes Stück in Alufolie gewickelt 90 Minuten lang im Backofen bei 180 °C Ober- und Unterhitze backen. Danach etwas abkühlen lassen und schälen. Schalotten abziehen und hacken.

2 Saft aus den Orangen gewinnen und Filets daraus schneiden. Öl in einem Topf erhitzen und die Schalotten darin anschwitzen. Rote Bete würfeln, hineingeben und 2 Minuten braten. Brühe und Orangensaft angießen, aufkochen und eine Viertelstunde köcheln lassen.

3 Dill waschen, trocken schütteln und Blätter abzupfen. Die Hälfte der Orangenfilets in die Suppe geben und alles mit einem Stabmixer pürieren. Sojacreme angießen und noch mal kurz aufkochen lassen. Salzen, pfeffern und mit den restlichen Orangenfilets und dem Dill garnieren.

# MISO-SUPPE

4 Port.

30 Min., Ruhezeit: 20 Min.

mittel

**Zutaten**

40 g Miso-Paste
4 Frühlingszwiebeln
30 g Ingwer
2 EL helle Sojasoße
4 EL Teriyakisoße
etwas Pfeffer
400 g Hähnchenbrustfilet
1 l Gemüsebrühe
etwas Salz
1 EL Sesamöl
2 EL Sesam

**Nährwerte**

*196 kcal*
*5 g Kohlenhydrate*
*7 g Fett*
*28 g Eiweiß*

1 Fleisch abwaschen und trocken tupfen. Ingwer schälen und die Hälfte davon hacken. Ingwer, Sesamöl und Teriyakisoße zum Fleisch geben, vermengen und 20 Minuten im Kühlschrank lagern.

2 Den restlichen Ingwer in Stifte schneiden. Frühlingszwiebeln nach dem Putzen in dünne Scheiben schneiden. Sesam in einer Pfanne ohne Fett rösten und dann vom Herd nehmen. Fleisch aus der Marinade heben, sauber tupfen und salzen und pfeffern.

3 In einer Grillpfanne das Fleisch je Seite 7 Minuten grillen. Danach in Alufolie wickeln und 5 Minuten ruhen lassen. Brühe in einem Topf aufkochen, Miso hinzufügen und unter Rühren auflösen lassen.

4 Fleisch in Scheiben schneiden, Frühlingszwiebeln und Ingwerstifte gleichmäßig in tiefe Teller verteilen. Brühe darüber gießen, Sojasoße und Sesam darauf geben. Fleisch in die Suppe legen und servieren.

# ROSENKOHL-DATTEL-SUPPE

2 Port.

50 Min.,
Ruhezeit:
4 Std.

mittel

**Zutaten**

1 Bio-Zitrone
1 Prise Himalajasalz
5 Datteln
300 g Rosenkohl
einige rosa Pfefferbeeren
500 ml Gemüsebrühe
110 g Cashewkerne
1 Handvoll Petersilie
etwas Pfeffer

**Nährwerte**

*451 kcal*
*32 g Kohlenhydrate*
*27 g Fett*
*19 g Eiweiß*

1 100 g Cashewkerne in eine Schüssel geben, mit Wasser begießen und 4 Stunden lang ruhen lassen. Währenddessen den Rosenkohl putzen, mit der Gemüsebrühe in einen Topf geben, aufkochen lassen und eine Viertelstunde lang garen.

2 Danach die Cashewkerne in einen Mixer geben und zu einer cremigen Masse verarbeiten. Den Rosenkohl abgießen, ein paar Röschen zur Seite stellen, den Rest mit 200 ml Wasser, Datteln und Cashewcreme in einen Standmixer geben und zu einer cremigen Suppe pürieren.

3 Petersilie abspülen, trocken schütteln und hacken. Zitrone aufschneiden und den Saft auspressen. Pfeffer, Salz und Zitronensaft in die Suppe einrühren, dann die restlichen Kohlröschen darüber geben.

4 Die Suppe auf 2 Suppentellern anrichten und mit Cashewkernen, Petersilie und Pfefferbeeren bestreuen.

# Salate

# IN SALATEN STECKT DOCH KEIN ZUCKER, ODER?

In selbst zubereiteten Salaten finden sich so gut wie nie zuckerhaltige Zutaten. Allerdings sollten Sie vorsichtig sein bei abgepackten Salatzubereitungen aus dem Supermarkt oder fertigen Salatdressings. Diese wurden sehr oft von der Industrie mit Zucker versetzt. Und ganz ehrlich: Einen Salat zubereiten, ist wirklich nicht zeitaufwendig, sodass Sie dies auch selbst machen können, ohne auf Fertigprodukte zu setzen. Da werden Ihnen die folgenden Rezepte mit Sicherheit helfen, da Sie auch immer gleich abwechslungsreiche, leckere und garantiert zuckerfreie Dressings mitliefern. Setzen Sie bei den Hauptzutaten auf Ihre Lieblinge: Sie sind Feldsalatfan oder essen besonders gerne Feta- statt Schafskäse? Dann wandeln Sie die Rezepte ab, sodass Sie Ihren Geschmack auf jeden Fall treffen! So macht Ihnen dann auch das Essen besonders viel Spaß und Sie werden die zuckerfreie Ernährung eher als positiv empfinden.

Wie schon zuvor angeklungen ist, findet sich in vielen Industrieprodukten Zucker, in denen eigentlich gar keiner nötig wäre. Deshalb ist es auch kaum verwunderlich, dass der Zuckerkonsum in Deutschland anwächst und zu einem immer größer werdenden Problem wird. Zuletzt betrug der Pro-Kopf-Verbrauch in Deutschland 35 Kilogramm. Vor allem zuckerhaltige Getränke führen dazu, dass viele gar nicht mitbekommen, wie viel Zucker sie letztlich zu sich nehmen. Den höchsten Zuckerkonsum hat übrigens die USA, direkt danach folgt jedoch schon Deutschland. Die Weltgesundheitsorganisation *WHO* empfiehlt jedoch, eine Tagesdosis von 25 Gramm nicht zu überschreiten. Auf ein Jahr hochgerechnet wären dies etwa 9 Kilogramm. Deutschland, aber auch viele weitere Industrie- und Schwellenländer verzeichnen also einen zu hohen und gefährlichen Zuckerkonsum.

Direkt damit zusammenhängend ist auch die steigende Zahl von Übergewichtigen, die große gesundheitliche Folgen für die Betroffenen, aber auch ein gesamtgesellschaftliches Problem darstellen. In Deutschland sind mittlerweile 67 % der Männer und 53 % der Frauen übergewichtig. Etwa ein Viertel der Erwachsenen ist *adipös* – also stark übergewichtig. Von Übergewicht spricht man ab einem Body-Mass-Index (*BMI*) von 30 oder mehr. Das Risiko, übergewichtig zu werden, steigt mit zunehmendem Alter, was zum Beispiel an der sinkenden Bewegung im Alltag liegen kann. Aber Übergewicht ist nicht nur ein Problem von Erwachsenen. Etwa 9,5 % der Kinder sind übergewichtig und circa 5,9 % adipös. Dies sind alarmierende Zahlen, da ein zu hohes Gewicht noch gravierendere soziale, aber auch körperliche Folgen hat.

Um diesem Trend entgegenzuwirken, müssen Politik, Wissenschaft und Gesellschaft Hand in Hand arbeiten und die richtigen Schlüsse daraus ziehen. Es trägt aber auch jeder Mensch seine eigene Verantwortung, auf die Ernährung zu achten. Eine zuckerfreie Ernährung ist der beste Weg, Übergewicht und die daraus resultierenden gesundheitlichen Risiken abzuwenden und ein gesundes und erfülltes Leben zu führen. Salate sind hierbei übrigens tatsächlich die einfachste Speise, die es zuckerfrei zu gestalten gilt. Daher können Sie gleich einmal durch die Rezepte stöbern und planen, welche Vitaminbombe Sie auf jeden Fall einmal zubereiten möchten

# EDAMAME-SALAT

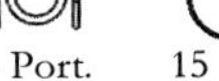

3 Port. 15 Min. leicht

**Zutaten**

100 g Feta
300 g TK-Edamame
etwas Salz
1 EL Olivenöl
etwas frische Kresse
1 EL Zitronensaft

**Nährwerte**

*265 kcal*
*11 g Kohlenhydrate*
*17 g Fett*
*17 g Eiweiß*

1 Tiefgekühlte Edamame in einem Topf mit Salzwasser bedecken, aufkochen und 5 Minuten köcheln lassen. Abseihen und mit kaltem Wasser einmal abspülen.

2 Edamame auf 3 Tellern verteilen und gleichmäßig mit Olivenöl, Zitronensaft und zerbröseltem Feta bedecken. Kresse waschen, hacken und darüber streuen.

# AVOCADO-KICHERERBSEN-SALAT

2 Port.

15 Min.

leicht

**Zutaten**

½ Bio-Zitrone
1 Avocado
½ Gurke
1 EL Olivenöl
400 g Kichererbsen aus der Dose
50 g Feta
2 Petersilienzweige
etwas Salz
½ EL Balsamico-Essig

**Nährwerte**

*514 kcal*
*48 g Kohlenhydrate*
*26 g Fett*
*21 g Eiweiß*

1 Kichererbsen in ein Sieb geben, abwaschen und abtropfen lassen. Gurke waschen, Avocado entkernen und das Fruchtfleisch herausschneiden. Avocado, Gurke und Feta würfeln.

2 Petersilie waschen, trocken schütteln und hacken. Zitrone halbieren und auspressen. Den Saft mit Öl, Essig und Salz zu einem Dressing vermischen. Gurke, Kichererbsen, Avocado und Feta vermengen und mit dem Dressing beträufelt servieren.

# THUNFISCH-SALAT

2 Port.

10 Min.

leicht

**Zutaten**

2 TL Ahornsirup
1 rote Zwiebel
195 g Thunfisch aus der Dose
etwas Salz
265 g Kichererbsen aus der Dose
1,5 EL Olivenöl
2 TL Senf
3 Petersilienzweige
1 EL Balsamico-Essig

**Nährwerte**

*396 kcal*
*41 g Kohlenhydrate*
*10 g Fett*
*34 g Eiweiß*

1 Kichererbsen und Thunfisch in einem Sieb abtropfen lassen, den Thunfisch mit einer Gabel grob zerreißen. Zwiebel abziehen und hacken, Petersilie nach dem Waschen fein schneiden. Alles miteinander vermischen.

2 Salz, Sirup, Essig, Öl und Senf zu einem homogenen Dressing verrühren. Über den Salat geben und servieren.

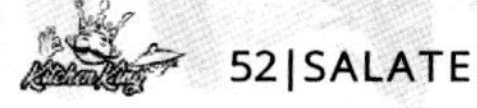

# HIRSE-SALAT

4 Port.

35 Min.

mittel

**Zutaten**

1 Bio-Zitrone
2 Zucchini
1 TL Pfeffer
250 g Hirse
4 EL Olivenöl
2 TL Salz
2 Pfefferminzzweige
100 g Feta
40 g geröstete Kürbiskerne

**Nährwerte**

*460 kcal*
*47 g Kohlenhydrate*
*22 g Fett*
*17 g Eiweiß*

1 Zucchini waschen und in feine Scheiben schneiden. Ein Backblech mit 2 EL Olivenöl bepinseln, Zucchini-Scheiben darauf platzieren und mit Salz bestreuen. Am besten mit der Grillfunktion oder bei 190 °C Ober- und Unterhitze backen. Wenn die eine Seite gebräunt ist, die Scheiben einmal umdrehen und weiterbacken, bis beide Seiten braun sind.

2 Hirse einmal abspülen und 15 Minuten in ausreichend kochendem Salzwasser garen, danach noch 10 Minuten quellen lassen, sodass das Wasser von der Hirse aufgenommen wurde.

3 Hirse in einer Schüssel mit einer Gabel auflockern, Feta zerbröseln und mit Kürbiskernen und Zucchinischeiben zur Hirse geben. Kräuter abspülen und hacken. Saft aus der Zitrone pressen.

4 Pfeffer, Salz, Zitronensaft und restliches Öl vermischen. Hirsesalat mit dem Dressing vermengen.

# QUINOA-FETA-SALAT

2 Port.

30 Min., Ruhezeit: 60 Min.

leicht

**Zutaten**

3 EL Olivenöl
75 g Feta
1 EL Zitronensaft
150 g Quinoa
1 Aubergine
2 TL Salz
etwas Pfeffer
100 g Rucola
1 Knoblauchzehe

**Nährwerte**

*533 kcal*
*54 g Kohlenhydrate*
*27 g Fett*
*20 g Eiweiß*

1 Quinoa waschen und in 300 ml Salzwasser eine Viertelstunde köcheln lassen. Währenddessen die Aubergine putzen und würfeln. 2 EL Olivenöl in einer Pfanne erwärmen und die Aubergine darin weich garen.

2 Rucola waschen und zerrupfen. Feta zerbröseln, Knoblauch schälen und hacken. Quinoa in einer Schüssel mit übrigem Öl und Zitronensaft vermengen.

3 Knoblauch, Rucola, Aubergine und Feta hinzufügen und alles salzen und pfeffern. Noch einmal kräftig umrühren und eine Stunde ziehen lassen.

## BROKKOLI-SALAT

 6 Port.

 30 Min.

 mittel

**Zutaten**

1 Zucchini
100 g Babyspinat
1 TL Agavendicksaft
5 EL Olivenöl
1 Brokkoli
1 TL Senf
100 g Datteln
100 g gesalzene Cashewnüsse
1 rote Zwiebel
etwas Salz
100 g Ziegenfrischkäse-rollen
1 EL Zitronensaft
etwas Pfeffer

**Nährwerte**

*410 kcal*
*1 g Kohlenhydrate*
*1 g Fett*
*1 g Eiweiß*

1 Brokkoli waschen, in Röschen schneiden und in kochenden Salzwasser 5 Minuten garen, dann abgießen und mit kaltem Wasser abschrecken. Zwiebel nach dem Schälen in Scheiben schneiden, Zucchini putzen und auch in Scheiben schneiden. Cashewnüsse in einer Pfanne ohne Fett anrösten.

2 1 EL Öl erwärmen, Brokkoli 4 Minuten darin anbraten. Noch mal 1 EL Öl erhitzen und Zucchini 3 Minuten mit garen. Zwiebel einrühren und anschwitzen. Salzen, pfeffern, dann das Gemisch abkühlen lassen.

3 Spinat putzen, Datteln hacken. Agavendicksaft, Senf, Zitronensaft und restliches Öl vermischen. Salzen, pfeffern. Käse grob zerbröseln. Gemüse, Cashewnüsse, Spinat, Käse, Dressing und Datteln locker miteinander vermischen.

# RADIESCHEN-MELONEN-SALAT

8 Port.

25 Min.

leicht

**Zutaten**

etwas Pfeffer
6 EL Balsamico-Essig
1 Bund Petersilie
200 g getrocknete Tomaten in Öl
1 Bund Radieschen
etwas Salz
1 kleine Wassermelone

**Nährwerte**

*110 kcal*
*19 g Kohlenhydrate*
*2 g Fett*
*3 g Eiweiß*

1 Tomaten abseihen und das Öl dabei auffangen. Salz, Pfeffer und Essig vermischen. Tomatenöl nach und nach einmengen. Tomaten würfeln. Das Fruchtfleisch der Melone würfeln.

2 Radieschen nach dem Putzen in Streifen schneiden. Petersilie waschen, trocken schütteln und hacken. Petersilie, Dressing und Melone vermengen. Die Radieschen darüber verteilen und servieren.

# KRABBENSALAT AUS DEM GLAS

4 Port.

20 Min.

mittel

**Zutaten**

etwas Jodsalz
100 g Cocktailtomaten
etwas Pfeffer
10 g Dill
40 g Romanasalat
200 g Avocado
60 g Naturjoghurt
1 Gurke
350 g geschälte, gegarte Krabben
120 g Magerquark
1 EL Zitronensaft

**Nährwerte**

*199 kcal*
*7 g Kohlenhydrate*
*8 g Fett*
*23 g Eiweiß*

1 Gurke waschen, 2/3 raspeln und den Rest würfeln. Geraspelte Gurke in ein Sieb geben und ausdrücken. Tomaten nach dem Waschen vierteln, Dill abspülen und hacken. Avocado entkernen und das Fruchtfleisch mit einer Gabel zerdrücken.

2 Zitronensaft, Pfeffer, Dill, Avocado, Salz, Quark, Gurkenraspel und Joghurt vermengen. Auf 4 Gläser verteilen. Krabben abtropfen lassen und stückeln. Salat waschen und zerreißen.

3 Krabben, Gurkenwürfel, Tomaten und Salat auf dem Gemisch im Glas verteilen und servieren.

# GURKEN-FETA-SALAT

1 Port. 10 Min. mittel

**Zutaten**

1 EL Sesam
etwas Pfeffer
2 Gurken
1 EL Essig
etwas Salz
200 g Feta
1 Bund Schnittlauch

**Nährwerte**

*418 kcal*
*16 g Kohlenhydrate*
*20 g Fett*
*43 g Eiweiß*

1 Gurke putzen und in mundgerechte Stücke schneiden, Feta zerbröseln und den Schnittlauch nach dem Waschen hacken.

2 Essig, Sesam, Salz und Pfeffer vermischen. Dressing mit den vorbereiteten Zutaten vermengen und servieren.

# EIERSALAT

1 Port.

20 Min.

leicht

**Zutaten**

1 TL Curry
1 Zwiebel
etwas Pfeffer
½ Bund Schnittlauch
etwas Salz
2 Handvoll Radieschen
150 g Hüttenkäse
1 TL Senf
2 TL Kapern
2 Eier

**Nährwerte**

*358 kcal*
*13 g Kohlenhydrate*
*18 g Fett*
*35 g Eiweiß*

1 Eier hart kochen, mit kaltem Wasser abschrecken, pellen und stückeln. Radieschen putzen, Zwiebel schälen und beides würfeln. Den Schnittlauch abspülen und hacken.

2 Kapern, Eier, Radieschen, Hüttenkäse, Schnittlauch und Zwiebel miteinander vermengen. Den Salat mit Senf, Pfeffer, Curry und Salz verfeinern.

# ROTE-BETE-SCHAFSKÄSE-SALAT

1 Port.

10 Min.

leicht

**Zutaten**

1 EL Essig
etwas Pfeffer
1 Rote Bete
2 Handvoll Blattsalat
1 EL Olivenöl
etwas Salz
125 g fettarmer Schafskäse
1 Bund Petersilie
1 TL Senf

**Nährwerte**

*355 kcal*
*14 g Kohlenhydrate*
*21 g Fett*
*27 g Eiweiß*

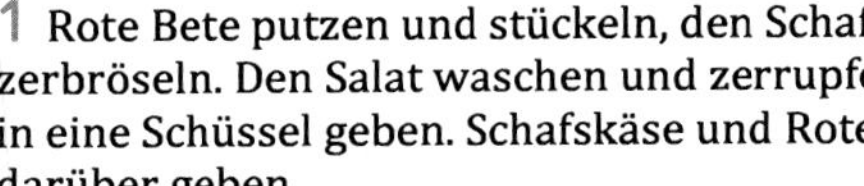

1 Rote Bete putzen und stückeln, den Schafskäse zerbröseln. Den Salat waschen und zerrupfen, dann in eine Schüssel geben. Schafskäse und Rote Bete darüber geben.

2 Senf, Öl, Pfeffer, Salz und Essig vermischen und über den Salat gießen. Petersilie waschen, hacken und darüber streuen. Alles vermischen und servieren.

# OVERNIGHT-MEXICAN-SALAT

2 Port.

30 Min., Ruhezeit: 8 Std.

mittel

**Zutaten**

1 Dose gekochte Kidneybohnen
1 Frühlingszwiebel
100 g roher Couscous
100 g Mais
250 g Cocktailtomaten
1 Paprika
4 EL Salsa-Soße
½ Gurke
50 g fettarmer Gouda
2 EL saure Sahne
etwas heißes Wasser

**Nährwerte**

*445 kcal*
*51 g Kohlenhydrate*
*13 g Fett*
*22 g Eiweiß*

1 Gouda reiben, Frühlingszwiebel putzen und in Ringe schneiden. Kidneybohnen und Mais in einem Sieb abtropfen lassen. Gurke und Tomate waschen und würfeln. Je 50 g Couscous in ein Schraubglas geben und mit heißem Wasser bedecken.

2 Kurz abkühlen lassen, dann je 1 EL Salsa-Soße und saure Sahne hineingeben. Paprika putzen, entkernen und würfeln. Auf die Soßenschicht Kidneybohnen, Tomate, Paprika, Gurke, Mais und zum Schluss den Käse darüber streuen.

3 Schließlich die Frühlingszwiebeln darauf streuen und die Schraubgläser verschließen. Den Salat in den Kühlschrank geben und über Nacht ziehen lassen, sodass der Couscous quellen kann.

# MANGO-KRAUTSALAT

4 Port.

35 Min.

mittel

**Zutaten**

1 Karotte
1 EL Ingwer
Saft einer halben Limette
1 Knoblauchzehe
2 Schalotten
2 EL Kokoschips
1 TL Sesampfeffer
¼ Rotkohl
70 g Mango
1 EL Balsamico-Essig
1 Prise Pfeffer
3 Korianderzweige
¼ Weißkohl
3 EL Reisweinessig
1 EL Sesamöl

**Nährwerte**

*89 kcal*
*9 g Kohlenhydrate*
*44 g Fett*
*2 g Eiweiß*

1 Knoblauch und Ingwer häuten und hacken, beides mit Sesam und Pfeffer vermengen und kurz ruhen lassen. In der Zwischenzeit beide Kohlsorten putzen und die Blätter in Streifen schneiden. Kohlblätter mit Öl und beiden Essigsorten verkneten.

2 Schalotten abziehen und hacken. Karotte ebenso schälen und fein reiben. Beides zum Kraut geben. Mango schälen, entkernen und mit dem Limettensaft beträufeln. Krautsalat mit dem Ingwergemisch vermengen.

3 Mango würfeln und über dem Salat verteilen. Koriander waschen und hacken und den Salat damit garnieren. Sesam und Kokoschips darüber verteilen.

# BLUMENKOHL-SALAT

4 Port.

30 Min.

mittel

**Zutaten**

1 rote Chilischote
etwas Pfeffer
1 Limette
1 Knoblauchzehe
1 Stück Ingwer
1 EL Kokosöl
500 g Blumenkohl
etwas Sojasoße
1 TL Olivenöl
300 g Erbsen
etwas Petersilie
etwas Salz
3 Frühlingszwiebeln
1 Zwiebel
4 EL Sesamöl

**Nährwerte**

*248 kcal*
*16 g Kohlenhydrate*
*16 g Fett*
*9 g Eiweiß*

1 Blumenkohl putzen und in Röschen teilen. ¼ davon beiseitelegen. Den Rest mit einer Küchenmaschine zu Reisgröße zerkleinern. Olivenöl in einer Pfanne erwärmen und den Blumenkohl darin 5 Minuten anschwitzen.

2 Zwiebel abziehen und vierteln. Frühlingszwiebeln abwaschen und klein schneiden. Knoblauch, Chili und Ingwer waschen, gegebenenfalls schälen und hacken. Kokosöl in einem Wok erhitzen, Chili und Knoblauch darin anbraten.

3 Ingwer, Erbsen, Blumenkohlröschen und Zwiebel hineingeben und anschwitzen. Dann Blumenkohlreis unter das Gemüse mischen, Sesamöl einrühren. Schließlich mit Frühlingszwiebeln bestreuen und den Salat kalt oder warm servieren.

# SPARGEL-SALAT

4 Port.

30 Min.

mittel

**Zutaten**

1 TL Ahornsirup
750 g weißer Spargel
1 Prise Cayennepfeffer
20 g Joghurtbutter
2 Bio-Orangen
60 g Serrano-Schinken
etwas Salz
2 EL Pinienkerne
50 g Spinat
2 EL Weißweinessig
etwas Pfeffer
1 EL Distelöl
1 EL Olivenöl

**Nährwerte**

*219 kcal*
*11 g Kohlenhydrate*
*15 g Fett*
*8 g Eiweiß*

1 Spargel putzen und in 3 cm dicke Stücke schneiden. Die Pinienkerne in einer Pfanne ohne Fett anrösten, danach abkühlen lassen. Eine Orange auspressen. Den Orangensaft mit Pfeffer, Cayennepfeffer, Essig, Salz und Ahornsirup vermengen. Beide Ölsorten untermengen.

2 Spinat waschen und abtropfen lassen, die zweite Orange abwaschen und die Schale mit einem Sparschäler abschälen und dann in Scheiben schneiden. Das Fruchtfleisch in Orangenfilets schneiden.

3 Butter in einer Pfanne zum Schmelzen bringen, dann die Spargelstücke hineingeben und 5 Minuten anschwitzen. Orangensaft darüber geben und kurz andünsten. Salzen, pfeffern und 5 Minuten weitergaren.

4 Schinken in Streifen schneiden. Spargel, Schinken, Spinat, Salatsoße und Orangenfilets vermengen. Mit Pinienkernen garniert servieren.

# HÜTTENKÄSE-SALAT

4 Port.

25 Min.

mittel

**Zutaten**

etwas Salz
½ Bund Basilikum
40 g entsteinte, schwarze Oliven
1 EL Zitronensaft
30 g Pinienkerne
etwas Pfeffer
600 g Hüttenkäse
1 Avocado
100 g Kirschtomaten

**Nährwerte**

*286 kcal*
*9 g Kohlenhydrate*
*18 g Fett*
*21 g Eiweiß*

1 Pinienkerne in einer Pfanne ohne Fett einige Minuten goldbraun rösten. Oliven abtropfen lassen und in Ringe schneiden, Tomaten waschen und halbieren. Avocado aufschneiden, entkernen, das Fruchtfleisch herauslösen und würfeln.

2 Basilikum abspülen, trocken schütteln und die Blätter abzupfen. Einige Blätter zur Seite stellen und den Rest hacken. Käse salzen und pfeffern, dann mit gehacktem Basilikum, Oliven, Tomaten, Zitronensaft und Avocado vermischen.

3 Den fertigen Salat mit Pinienkernen bestreuen und mit Basilikum garnieren.

# Hauptgerichte

# ÜBER BOWLS UND CO.

Schnell am Abend die Nudeln gar kochen und eine Fertigsoße zubereiten. Das klingt natürlich verführerisch. Doch auch neben dem Zuckergehalt, der in vielen Fertigprodukten steckt, ist das alles andere als eine ausgewogene Ernährung. Es gibt unzählige Tellerregeln, die der Bevölkerung eine gesunde Ernährung beibringen sollen. Zum Beispiel, dass immer etwas Grünes, Gelbes und Rotes auf dem Teller liegen sollte. So findet Gemüse automatisch Platz auf dem Speiseplan. Oder aber auch, dass man sich seinen Teller gedanklich in vier gleich große Stücke aufteilen sollte. Auf jedem Stück findet eine andere Zutat aus den Kategorien Obst und Gemüse, Protein-, Fettquelle und eine Beilage nach Wahl ihren Platz. Allerdings können solche Tellerregeln schnell zu recht einfallslosem Kochen und Essen führen. Die Zubereitung und der Verzehr der Speisen sollte also Spaß machen! Mit unseren Rezepten können Sie die Tellerregeln einfach wieder vergessen und nach Herzenslaune kochen. Ein gutes Beispiel für kreative, gesunde Ernährung ist der *Foodtrend Bowls.*

Vor mehr als 10 Jahren kam ein mexikanisches Restaurant in den USA auf die Idee, den Gästen ihren Burrito in einer Schüssel – auf Englisch Bowl – zu servieren. Die neue Servierweise verbreitete sich rasend schnell und wurde vor allem in der gesunden *Lifestyle*-Bewegung ein Trend. Mittlerweile sind Bowls auch schon längst auf den Speiseplänen von deutschen Restaurants zu finden. Dabei sind der Fantasie fast keine Grenzen gesetzt! In einer Bowl findet der Körper alles, was er braucht. Oft findet sich eine vollwertige Kohlenhydratquelle wie brauner Reis oder Quinoa in den Schüsseln. Dazu wird Gemüse, häufig auch trendiges Superfood angerichtet. Damit das Auge auch etwas zum Freuen hat, werden farbenfrohe Obstbeilagen als Topping benutzt. Beeren oder Avocado sind auf vielen Bowls zu finden.

Das Ergebnis ist ein lecker aussehendes, gesundes Gericht, was auf jeden Fall lange satt macht. Bei vielen Rezepten wird zudem noch eine Art Dressing oder Soße hinzugefügt. Auch Smoothie-Bowls bestehend aus dickflüssigem Obstpüree sind beliebt. Nicht nur die unzähligen Kombinationsmöglichkeiten machen die Bowl so bekannt. Es ist zudem super einfach zuzubereiten und auch zu essen! Sie benötigen nur Ihre Bowl und einen Löffel. So können Sie beispielsweise Ihr Mittagessen fürs Büro am Abend vorher vorbereiten, mit einem Löffel dann mitnehmen und sich in der Mittagspause genüsslich Zeit nehmen, langsam ihre leckere Mahlzeit zu genießen. Sie können sich bei der Zubereitung zudem auch noch extra viel Mühe bei einer hübschen Anordnung der verschiedenen Zutaten geben. Denn so eine Bowl wird nicht wie ein Salat komplett vermischt, stattdessen wird jeder Bestandteil nebeneinandergesetzt. Bunte *Toppings*

schließen das extravagante Erscheinungsbild ab. Zudem werden Bowls auch oft verwendet, um sogenanntes *Clean Eating* zu praktizieren, bei dem verarbeitete und industrielle Produkte gemieden werden und auf Vollwertprodukte in Bio-Qualität gesetzt wird. Da eignet sich die Zubereitung einer Bowl ebenso hervorragend. Im Prinzip ist diese Ernährungsweise auch nicht weit entfernt von einem zuckerfreien Speiseplan.

Natürlich gibt es aber auch noch viele andere Möglichkeiten, zuckerfreie Hauptgerichte herzustellen. Einige Bowl-Rezepte werden in der nachfolgenden Liste natürlich trotzdem nicht fehlen. Denn der Foodtrend verspricht Abwechslung, Genuss und eine leichte Zubereitung. Also genau das, was wir uns von einer zuckerfreien Ernährung auch versprechen.

# SPITZKOHL-EDAMAME-PFANNE

3 Port.

30 Min.

leicht

**Zutaten**

2 TL Schwarzkümmel
3 Strauchtomaten
3 EL Olivenöl
1 Zwiebel
1 Spitzkohl
2 TL Kurkuma
etwas Pfeffer
180 g vegane Würstchen
3 EL Tomatenmark
etwas Salz
200 g TK-Edamame

**Nährwerte**

*482 kcal*
*28 g Kohlenhydrate*
*30 g Fett*
*25 g Eiweiß*

1 Den Kohl putzen, die äußeren Blätter entfernen und den Rest in Streifen schneiden. Tomaten nach dem Waschen würfeln, Zwiebel abziehen und hacken. Die Würstchen in kleine Stücke schneiden.

2 Olivenöl erwärmen und die Zwiebel darin 2 Minuten glasig andünsten. Den Spitzkohl bei reduzierter Hitze 5 Minuten mitbraten. Edamame einrühren und weitere 5 Minuten garen.

3 Nun alle anderen Zutaten, bis auf den Schwarzkümmel, hinzufügen, einmal aufkochen und 3 Minuten köcheln lassen, vermischen und mit Schwarzkümmel bestreut servieren.

# TAGLIATELLE MIT ERBSEN-PESTO

2 Port.

30 Min.

leicht

**Zutaten**

1 Zweig Pfefferminze
2 EL Pinienkerne
2 EL Zitronensaft
2 Basilikumzweige
200 g TK-Erbsen
6 EL Olivenöl
etwas Pfeffer
200 g Tagliatelle ohne Ei
1 Knoblauchzehe
3 Petersilienzweige
etwas Salz

**Nährwerte**

*753 kcal*
*86 g Kohlenhydrate*
*34 g Fett*
*24 g Eiweiß*

1 Tagliatelle nach Packungsanweisung zubereiten. Die Erbsen mit etwas Wasser zum Kochen bringen und 3 Minuten köcheln lassen, dann abgießen. Pinienkerne in einer Pfanne ohne Fett goldbraun anrösten.

2 Knoblauch häuten und fein würfeln, alle Kräuter waschen, die Blätter abzupfen und hacken. Die Kräuter, Olivenöl, Pfeffer, Salz, Pinienkerne, Zitronensaft und Erbsen zu einem Pesto pürieren.

3 Die garen Nudeln im Pesto schwenken und servieren.

# POKE BOWL

4 Port.

60 Min.

mittel

**Zutaten**

1 TL Paprikapulver
100 g Blattspinat
1 TL Ahornsirup
10 Cherrytomaten
1 EL Sojasoße
1 Dose Kichererbsen
1 Avocado
60 g Erdnussmus
1 Knoblauchzehe
1 TL Apfelessig
etwas Petersilie
etwas Salz
2 Süßkartoffeln
180 g Quinoa
3 EL Olivenöl
½ TL Kreuzkümmel
1 EL Limettensaft
4 EL Wasser

**Nährwerte**

*578 kcal*
*72 g Kohlenhydrate*
*26 g Fett*
*18 g Eiweiß*

1 Quinoa nach Packungsanleitung zubereiten, Süßkartoffeln schälen und stückeln. Kichererbsen abgießen und trocken tupfen, in einer Schüssel mit Pfeffer, 2 EL Olivenöl, Salz und Paprikapulver vermengen.

2 Die Süßkartoffelstücke auf einem Backblech verteilen. Restliches Öl darüber träufeln und alles salzen und pfeffern. Die Kichererbsen daneben platzieren und für 20 Minuten bei 200 °C Ober- und Unterhitze backen.

3 Währenddessen Spinat und Tomaten waschen, die Tomaten halbieren und den Blattspinat von den Stielen zupfen. Die Knoblauchzehe häuten und durch die Knoblauchpresse geben. Sojasoße, Apfelessig, Olivenöl, Ahornsirup, Wasser, Knoblauch und Erdnussmus zu einer sämigen Soße verrühren.

4 Petersilie abspülen und hacken, Avocado schälen, entkernen und in Streifen schneiden. Für die Bowl Blattspinat, Avocado, Quinoa, Kichererbsen, Tomaten und Süßkartoffelstücke nach Belieben in einer Schale anrichten. Die Erdnusssoße darüber träufeln und mit Limettensaft und Petersilie toppen.

# KABELJAU IN TOMATENSOSSE

4 Port.

35 Min.

leicht

**Zutaten**

250 g Fenchel
8 Thymianzweige
4 Kabeljaufilets
4 EL Olivenöl
1 Bio-Zitrone
1 kg Kartoffeln
etwas Salz
500 g Tomaten aus der Dose

**Nährwerte**

*418 kcal*
*45 g Kohlenhydrate*
*10 g Fett*
*34 g Eiweiß*

1 Die Kartoffeln schälen und würfeln, die Zitrone heiß abwaschen und vierteln. Fenchel nach dem Putzen hacken, die Thymianblätter waschen und ebenfalls fein schneiden. Tomaten in eine Auflaufform gießen.

2 1 EL Olivenöl, Thymian und Fenchel einrühren und salzen und pfeffern. 3 EL Olivenöl erwärmen, die Kartoffelwürfel hineingeben und eine Viertelstunde bei geschlossenem Deckel braten, danach etwas salzen.

3 Währenddessen den Ofen auf 200 °C Ober- und Unterhitze vorheizen, den Fisch in die Tomatensoße legen und 17 Minuten backen. Zusammen mit den fertigen Kartoffeln anrichten und mit den Zitronenvierteln garniert servieren.

# GEFÜLLTER KÜRBIS

 4 Port.  80 Min.  schwer

**Zutaten**

4 EL Olivenöl
etwas Basilikum
1 Zwiebel
2 Butternut-Kürbisse
1 TL Oregano
250 g Shiitakepilze
1 Knoblauchzehe
250 g Couscous
etwas Pfeffer
2 EL Balsamicoessig
etwas Salz
7 getrocknete Tomaten

**Nährwerte**

*528 kcal*
*90 g Kohlenhydrate*
*10 g Fett*
*18 g Eiweiß*

1 Kürbis waschen, halbieren und entkernen. Mit der Hälfte des Olivenöls beträufeln, salzen, pfeffern und mit Alufolie bedeckt im heißen Ofen bei 220 °C Ober- und Unterhitze 40 Minuten garen.

2 Währenddessen den Couscous nach Packungsanleitung zubereiten und die Tomaten sowie die Zwiebel und die Knoblauchzehe nach dem Schälen hacken. Die Pilze putzen und das restliche Olivenöl in einer Pfanne erhitzen.

3 Zwiebeln anschwitzen, dann Pilze, Oregano, Knoblauch und Tomaten zufügen und 5 Minuten anbraten. Essig angießen, den Couscous einrühren, salzen, pfeffern und alles kurz braten.

4 Den leicht abgekühlten Kürbis einige Zentimeter tief aushöhlen, das Fruchtfleisch würfeln und in die Pfanne geben. Die Kürbishälften damit befüllen und weitere 13 Minuten bei 180 °C backen. Basilikum waschen, hacken und darüberstreuen.

# SPINAT-BUCHWEIZEN-AUFLAUF

 2 Port.  45 Min.  mittel

**Zutaten**

etwas Salz
200 g Blattspinat
1 rote Zwiebel
1 EL Olivenöl
175 g Buchweizen
3 EL Frischkäse
etwas Pfeffer
1 Ei

**Nährwerte**

*574 kcal*
*67 g Kohlenhydrate*
*24 g Fett*
*21 g Eiweiß*

1 Buchweizen nach Packungsanweisung zubereiten. Zwiebel und Knoblauch nach dem Häuten hacken. Im erhitzten Öl in einer Pfanne anschwitzen. Spinat waschen, einrühren und garen, bis er zusammenfällt.

2 Frischkäse hineingeben, untermengen, salzen und pfeffern. Nun auch den fertigen Buchweizen hinzufügen. Das Gemisch in einer Auflaufform verteilen und das Ei mittig darüber aufschlagen.

3 Im vorgeheizten Backofen bei 180 °C Ober- und Unterhitze für etwa 25 Minuten backen.

# PIZZA-MUFFINS

6 Port.

60 Min.

leicht

**Zutaten**

50 g Parmesan
2 TL Oregano
1 Pck. Backpulver
50 ml Rapsöl
250 g Dinkelmehl
1 TL Salz
150 g Mais
100 g Zucchini
2 Eier
250 ml Milch

**Nährwerte**

*324 kcal*
*37 g Kohlenhydrate*
*14 g Fett*
*13 g Eiweiß*

1 Oregano, Dinkelmehl, Salz und Backpulver vermengen, Eier separat aufschlagen und mit Öl und Milch verquirlen. Beides miteinander vermengen und zu einer geschmeidigen Masse verarbeiten.

2 Mais in ein Sieb geben und abtropfen lassen, Zucchini nach dem Waschen fein reiben. Parmesan ebenso reiben und alles in den Teig einrühren.

3 Muffinförmchen auf einem Muffinblech verteilen und den Teig gleichmäßig in diese füllen. Ca. 20 Minuten bei 180 °C Ober- und Unterhitze backen.

# GEMÜSE-LASAGNE

 6 Port.

 90 Min.

 schwer

**Zutaten**

50 g frische Petersilie
1 Zwiebel
500 g Ricotta
2 Eier
4 Zucchini
4 Knoblauchzehen
500 g Champignons
70 g Parmesan
250 g Mozzarella
3 EL Olivenöl
160 g Lasagneblätter
400 g stückige Tomaten aus der Dose
1 rote Paprika
100 ml Weißwein

**Nährwerte**

*499 kcal*
*30 g Kohlenhydrate*
*25 g Fett*
*34 g Eiweiß*

4 Knoblauch und Zwiebel häuten und hacken, Zucchini, Paprika und Pilze putzen, eventuell entkernen und zerkleinern. Knoblauch und Zwiebeln im Olivenöl anschwitzen, das Gemüse hinzufügen und kurz mitgaren.

5 Weißwein und Tomaten angießen und 20 Minuten köcheln lassen. Petersilie waschen, hacken und unterrühren. Die Soße salzen und pfeffern. Ricotta zerdrücken und mit 50 g geriebenem Parmesan und Eiern vermengen. Mozzarella in Scheiben schneiden.

6 Eine Auflaufform einfetten und abwechselnd Lasagneblätter, Gemüsesoße, Ricottagemisch und Mozzarellascheiben schichten. Mit Ricotta und Soße abschließen und den restlichen Käse darüber streuen.

7 Im vorgeheizten Backofen die Lasagne 35 Minuten bei 190 °C Ober- und Unterhitze backen.

# GLUTENFREIE PIZZA

 2 Port.
 90 Min.
 schwer

**Zutaten**

170 g warmes Wasser
130 g Reismehl
5 EL Tomatenmark
etwas Salz
1 TL gemahlene Flohsamenschalen
1 Prise Zucker
60 g Mozzarella
50 g Kichererbsenmehl
40 g Rucola
40 g Fetakäse
250 g Hokkaidokürbis
3 EL Olivenöl
1 TL Trockenhefe

**Nährwerte**

*634 kcal*
*72 g Kohlenhydrate*
*29 g Fett*
*21 g Eiweiß*

1 Salz, Reis- und Kichererbsenmehl und Flohsamenschalen vermischen. Zucker und Hefe im Wasser auflösen, zu den trockenen Zutaten geben und mit den Knethaken einer Küchenmaschine verkneten.

2 2 EL Olivenöl zufügen und weiter kneten. Den Teig abgedeckt eine halbe Stunde gehen lassen. Währenddessen den kompletten Kürbis eine Viertelstunde bei 180 °C Ober- und Unterhitze garen.

3 Tomatenmark, 1 EL Öl und Salz mischen. Rucola putzen und grob zerreißen. Mozzarella und Feta würfeln. Kürbis leicht abkühlen lassen, entkernen und das Fruchtfleisch grob würfeln. Ein Backblech mit Backpapier auslegen.

4 Den Teig noch einmal gut durchkneten und auf einer bemehlten Arbeitsfläche Backblech-groß ausrollen. Den Teig auf das Backpapier ziehen, mit Tomatenmark und Kürbis belegen.

5 Die Pizza abschließend würzen und mit Käse bestreuen. Im vorgeheizten Ofen bei 180 °C Ober- und Unterhitze eine halbe Stunde backen. Zum Schluss mit Rucola bestreuen und servieren.

# LINSEN-DAL

 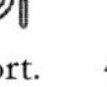 

4 Port. 45 Min. mittel

**Zutaten**

1 Knoblauchzehe
200 ml passierte Tomaten
etwas Olivenöl
150 ml Brühe
1 TL Senfkörner
175 g rote Linsen
2 Dosen stückige Tomaten
2 TL Kreuzkümmel
1 Zwiebel
2 TL Chilipulver
etwas Pfeffer
2 TL Garam Masala
1 TL Cayennepfeffer
etwas Salz
400 ml Kokosmilch
1 TL Koriander

**Nährwerte**

*429 kcal*
*39 g Kohlenhydrate*
*21 g Fett*
*17 g Eiweiß*

1 Knoblauch und Zwiebel häuten und fein hacken. Öl in einem Topf erwärmen, Senfkörner hineingeben und verschließen, bis die Senfkörner anfangen zu knacken. Nun Knoblauch und Zwiebel hineingeben und kurz anschwitzen.

2 Kokosmilch, passierte und stückige Tomaten angießen und aufkochen lassen. Kurz köcheln lassen und dabei portionsweise alle Gewürze untermengen. Linsen hinzufügen und 25 Minuten köcheln lassen.

3 Die erste Viertelstunde der Kochzeit zugedeckt garen, danach den Deckel vom Topf nehmen. Brühe hinzufügen, nochmals abschmecken und servieren.

# BUDDHA BOWL

 1 Port.
 40 Min.
 mittel

**Zutaten**

Für die Bowl:
1 EL Kürbiskerne
100 g Brokkoli
50 g Feta
1 Rote Bete
¼ Mango
100 g Baby-Spinat
100 g Kichererbsen
Für die gerösteten Süßkartoffeln:
etwas Pfeffer
1 Prise Zimt
etwas Salz
3 EL Olivenöl
2 TL Chilipulver
1 Süßkartoffel
Für das Dressing:
½ Chilischote
Saft einer halben Limette
½ Knoblauchzehe
1 TL Sesamöl

**Nährwerte**

*1110 kcal*
*98 g Kohlenhydrate*
*63 g Fett*
*29 g Eiweiß*

1 Süßkartoffel putzen und stückeln und diese in einer Schüssel mit allen Gewürzen wälzen. Auf einem Backblech mit Backpapier verteilen und 20 Minuten bei 200 °C Ober- und Unterhitze backen.

2 Währenddessen den Brokkoli waschen, in Röschen teilen und 10 Minuten in kochendem Salzwasser garen, danach abgießen. Die weiteren Zutaten für die Bowl putzen, gegebenenfalls entkernen und zerkleinern.

3 Zum Anrichten den Spinat auf den Boden der Schüssel legen und alle weiteren Zutaten Klecks-artig nebeneinander darauf verteilen. Knoblauch abziehen und hacken, Chilischote waschen und fein schneiden.

4 Chili, Sesamöl, Knoblauch und Limettensaft miteinander verquirlen und über die Bowl geben.

# RINDFLEISCH MIT PAK CHOI

4 Port.

30 Min., Ruhezeit: 60 Min

mittel

**Zutaten**

1 TL Speisestärke
4 Baby-Pak Choi
4 EL Erdnussöl
1 TL schwarzer Sesam
2 Lauchzwiebeln
400 g mageres Rindfleisch
1 Knoblauchzehe
4 EL Sojasoße
100 ml Gemüsebrühe
2 Karotten
einige Korianderblätter
etwas Salz
1 Stück Ingwer
2 TL Sesamöl

**Nährwerte**

*429 kcal*
*10 g Kohlenhydrate*
*27 g Fett*
*32 g Eiweiß*

1 Fleisch in Streifen schneiden und in ein verquirltes Stärke-Sojasoßen-Gemisch legen. 60 Minuten im Kühlschrank marinieren lassen.

2 Knoblauch und Ingwer schälen und hacken. Lauch putzen und zu Ringen zerkleinern. Pak Choi nach dem Waschen in die einzelnen Blätter teilen, Karotten schälen und in Stifte schneiden.

3 2 EL Erdnussöl im Wok erhitzen und Knoblauch und Ingwer darin anschwitzen. Das marinierte Fleisch hinzufügen, 3 Minuten braten, dann herausnehmen. Restliches Öl erwärmen, das komplette Gemüse und Sesamöl hineingeben und 3 Minuten unter Rühren garen.

4 Die Brühe angießen und mit den Gewürzen abschmecken. Das Rindfleisch zu dem Gemüse geben und kurz erwärmen. Koriander waschen. Das Gericht mit Sesam und Koriander garnieren.

# COUSCOUS-FRITTATA

 4 Port.  25 Min.  leicht

**Zutaten**

½ TL Kreuzkümmel
etwas Salz
1 EL Olivenöl
5 Eier
150 g Couscous
200 g getrocknete Tomaten in Öl
1 Bund Schnittlauch

**Nährwerte**

*320 kcal*
*27 g Kohlenhydrate*
*14 g Fett*
*35 g Eiweiß*

1 Salzwasser zum Sieden bringen, Couscous hineingeben und 3 Minuten quellen lassen. Tomaten zerkleinern, Schnittlauch waschen und in Röllchen schneiden.

2 Salz, Schnittlauch, Eier und Kreuzkümmel verquirlen. Öl in einer Pfanne erwärmen, Couscous und Tomaten kurz anbraten. Eiermasse darüber geben und bei reduzierter Hitze komplett stocken lassen.

# GYROS-SPIESSE

4 Port.

30 Min., Ruhezeit: 10 Min

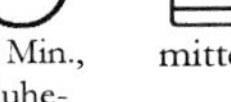

mittel

**Zutaten**

2 TL Gyros-Gewürz
100 g Bacon
etwas Pfeffer
1 Knoblauchzehe
400 g Schweinelachs
200 g Naturjoghurt
4 EL Olivenöl
½ Gurke
etwas Salz

**Nährwerte**

*431 kcal*
*4 g Kohlenhydrate*
*35 g Fett*
*26 g Eiweiß*

1 Baconscheiben halbieren, den Schweinelachs in Würfel schneiden. Gyros-Gewürz, 3 EL Olivenöl und Schweinelachs miteinander vermischen und 10 Minuten ruhen lassen.

2 Baconscheiben aufrollen und abwechselnd mit dem Schweinelachs auf Grillspieße stecken. Gurke schälen, entkernen und raspeln. Knoblauch häuten und hacken. Beides mit dem Joghurt vermischen.

3 Zaziki salzen, pfeffern und 1 EL Olivenöl einrühren. Die Grillspieße auf dem Grill 10 Minuten lang indirekt grillen und mit dem Zaziki servieren.

## OFENGEMÜSE

4 Port.

60 Min.

mittel

**Zutaten**

etwas Pfeffer
2 Pastinaken
15 g Petersilie
2 Rote Bete
400 g Kartoffeln
15 g Thymian
2 Karotten
etwas Salz
5 EL Olivenöl
3 Knoblauchzehen
500 g Naturjoghurt

**Nährwerte**

*352 kcal*
*35 g Kohlenhydrate*
*18 g Fett*
*9 g Eiweiß*

1 Karotten, Rote Bete, Kartoffeln und Pastinaken schälen und nach Belieben zerkleinern. Knoblauch abziehen und mit einem Messer zerdrücken.

2 Gemüse, Knoblauch, Pfeffer, Salz und 4 EL Olivenöl vermengen, dann alles auf einem Backblech mit Backpapier verteilen. Thymian waschen und die Zweige darauf platzieren. 40 Minuten lang im Ofen bei 200 °C Ober- und Unterhitze backen.

3 Joghurt und restliches Öl vermischen. Petersilie abspülen, trocken schütteln und hacken. Petersilie, Pfeffer und Salz in den Joghurt rühren. Ofengemüse mit dem Dip servieren.

# SPINAT-FETA-LINGUINE

 4 Port.

 25 Min.

 leicht

**Zutaten**

100 g Baby-Spinat
400 g Vollkorn-Linguine
etwas Pfeffer
etwas Salz
2 Frühlingszwiebeln
100 g Feta
2 EL Olivenöl
½ Bio-Zitrone
200 g Radieschen

**Nährwerte**

*412 kcal*
*59 g Kohlenhydrate*
*10 g Fett*
*18 g Eiweiß*

1 Nudeln nach Packungsanleitung kochen. Währenddessen den Spinat putzen und trocken schütteln. Radieschen waschen, das Grün entfernen und vierteln. Das Grün hacken, die Frühlingszwiebeln nach dem Waschen in Ringe schneiden.

2 Zitrone heiß abspülen, den Saft auspressen und die Schale abreiben. Schafskäse zerbröseln und die Nudeln abgießen. Alle Zutaten miteinander vermengen und nachwürzen.

# PROTEIN-KIDNEYBOHNEN-WRAP

1 Port.

25 Min.

leicht

**Zutaten**

1 TL Öl
1 Strauchtomate
2 Eiweiße
30 g Rucola
1 Ei
35 g Kräuterfrischkäse
1 Prise Salz
70 g gekochte Kidneybohnen
1 EL Eiweißpulver

**Nährwerte**

*334 kcal*
*15 g Kohlenhydrate*
*12 g Fett*
*37 g Eiweiß*

1 Salz, Eiweißpulver, Ei und Eiweiße quirlig aufschlagen. Das Öl in eine Pfanne streichen und die Hälfte des Teiges hineingeben. Je Seite den Wrap 3 Minuten backen, dann herausnehmen und aus dem restlichen Teig einen zweiten Wrap ausbacken.

2 Rucola und Tomate waschen. Rucola zerrupfen, die Tomate halbieren. Die Bohnen mit einer Gabel zerdrücken. Wraps mit dem Frischkäse bestreichen, dann mit Gemüse und Salat belegen und zusammenrollen.

# ZUCCHINI-FETA-NUDELN

1 Port. 20 Min. leicht

**Zutaten**

1 Handvoll Cocktailtomaten
1 TL Oregano
1 TL Sesamöl
100 g Feta
etwas Pfeffer
1,5 Zucchini
etwas Salz
1 Knoblauchzehe
4 EL Avocado
1 Chilischote
½ Handvoll Basilikum

**Nährwerte**

*428 kcal*
*14 g Kohlenhydrate*
*28 g Fett*
*28 g Eiweiß*

1 Zucchini putzen und mit einem Spiralschneider in Nudelform zerkleinern. Knoblauch häuten und durch eine Knoblauchpresse geben. Basilikum, Tomate und Chili waschen. Tomate vierteln, die Chilischote in Ringe schneiden.

2 Das Fruchtfleisch aus der Avocado löffeln und zerdrücken. Sesamöl mittel-heiß in einer Pfanne erhitzen. Chili, Tomate und Zucchini hineingeben und salzen. Unter ständigem Rühren einige Minuten anbraten.

3 Oregano, Avocado und Knoblauch untermengen und alles salzen und pfeffern. Die „Nudeln“ auf einem Teller anrichten, dann den Feta darüber zerbröseln und mit Basilikum garnieren.

# BROKKOLI-RINDFLEISCH-PFANNE

2 Port.

30 Min.

leicht

**Zutaten**

1 Brokkoli
etwas Pfeffer
300 g Rindfleisch
1 EL Sojasoße
1 rote Paprika
etwas Salz
1 Frühlingszwiebel
1 EL Öl

**Nährwerte**

*485 kcal*
*15 g Kohlenhydrate*
*27 g Fett*
*42 g Eiweiß*

1 Rindfleisch mit kaltem Wasser abspülen, danach mit einem Stück Küchenpapier abtupfen und in Streifen schneiden. Brokkoli putzen und in die einzelnen Röschen teilen. Paprika nach dem Waschen entkernen und würfeln.

2 Frühlingszwiebel waschen und in Ringe schneiden. Öl in einer Pfanne erwärmen und das Fleisch darin anbraten. Das Fleisch mit Sojasoße ablöschen, dann Brokkoli und Paprika einrühren und weich garen.

3 Salzen, pfeffern und die Frühlingszwiebeln hinzufügen.

# SCHINKEN-KARTOFFEL-AUFLAUF

 1 Port.

 35 Min.

 leicht

**Zutaten**

1 Ei
300 g Brokkoli
50 g Kochschinken
etwas Pfeffer
1 Prise Muskatnuss
150 g Kartoffel
etwas Salz
150 ml fettarme Milch

**Nährwerte**

*421 kcal*
*40 g Kohlenhydrate*
*10 g Fett*
*35 g Eiweiß*

1 Kartoffel nach dem Schälen in Scheiben schneiden. In kochendes Salzwasser geben und 10 Minuten garen. Brokkoli waschen, in Röschen teilen und separat 5 Minuten in kochendes Salzwasser geben.

2 Währenddessen den Schinken würfeln. Brokkoli und Kartoffeln abgießen und abwechselnd in einer Auflaufform schichten. Schinken darüber streuen. Das Ei verquirlen und Milch und Gewürze dazugeben.

3 Das Gemisch über den Auflauf gießen, dann diesen bei 180 °C Umluft eine Viertelstunde backen.

# LACHS-GNOCCHI-GERICHT

1 Port.

50 Min., Ruhe-zeit: 10 Min

mittel

**Zutaten**

150 g Lachsfilet
etwas Pfeffer
10 g Grieß
1 Kartoffel
3 Handvoll Spinat
1 EL Öl
35 g Vollkornmehl
etwas Salz

**Nährwerte**

*560 kcal*
*43 g Kohlenhydrate*
*23 g Fett*
*43 g Eiweiß*

1 Kartoffel in kochendem Salzwasser garen. Danach pellen und zerstampfen. Mit Grieß und Mehl zu einer geschmeidigen Masse verarbeiten und diese 10 Minuten ruhen lassen.

2 Währenddessen den Lachs in Stücke schneiden, Spinat putzen und grob zerkleinern. Öl in einer Pfanne erwärmen und den Lachs darin anbraten. Spinat hinzufügen und diesen zusammenfallen lassen.

3 Aus dem Teig eine 1,5 cm dicke Rolle formen, in gleichmäßige Stücke schneiden und diese rollen, sodass Gnocchi entstehen. Etwas Salzwasser aufkochen und die Gnocchi hineingeben und garen, bis sie oben schwimmen.

4 Spinat und Lachs salzen und pfeffern, mit den fertigen Gnocchi vermengen und servieren.

# GEBACKENE PASTA

3 Port.

50 Min.

mittel

**Zutaten**

10 Cocktailtomaten
3 EL Öl
etwas Pfeffer
3 Handvoll Rucola
2 Kugeln fettarmer Mozzarella
etwas Salz
3 Handvoll Feldsalat
1 TL getrockneter Oregano
etwas frisches Basilikum
½ Gurke
1 EL Essig
200 g Vollkornnudeln
1 Dose stückige Tomaten

**Nährwerte**

*565 kcal*
*57 g Kohlenhydrate*
*20 g Fett*
*31 g Eiweiß*

1 Die Nudeln nach Packungsanleitung kochen und den Backofen auf 180 °C Umluft vorheizen. Mozzarella in Scheiben schneiden, Tomaten abspülen und halbieren.

2 Die Nudeln mit kaltem Wasser abschrecken und dann in eine Auflaufform geben. Die Dosentomaten darüber verteilen und mit den frischen Tomaten vermengen. Salzen, pfeffern und mit Oregano verfeinern.

3 Mozzarellascheiben auf dem Gericht platzieren und alles eine Viertelstunde backen. Währenddessen beide Salatsorten putzen und grob zerkleinern. Mit Salz, Pfeffer, Öl und Essig vermischen.

4 Die Gurke heiß abwaschen, in Scheiben schneiden und mit dem Salat mischen. Die Pasta mit abgespültem Basilikum garnieren und zusammen mit dem Salat servieren.

# HÜHNCHENCURRY

1 Port. 25 Min. mittel

**Zutaten**

1 Knoblauchzehe
1 Msp. Sambal Oelek
150 g Hähnchenbrust-filet
1 Prise Salz
1 rote Paprika
150 ml Wasser
1 TL Curry
2 EL Sojasoße
1 EL saure Sahne
etwas Koriander
2 TL Tomatenmark

**Nährwerte**

*275 kcal*
*17 g Kohlenhydrate*
*3 g Fett*
*40 g Eiweiß*

1 Sambal Oelek und Sojasoße vermengen, Fleisch in Streifen schneiden und darin 10 Minuten marinieren. Währenddessen die Paprika waschen, entkernen und würfeln. Eine beschichtete Pfanne erhitzen und die Fleischstreifen darin mit der Marinade anbraten.

2 Die Paprika einrühren und kurz anschwitzen. Dann Currypulver und Tomatenmark anrösten und alles mit dem Wasser ablöschen. Die saure Sahne angießen und 5 – 10 Minuten köcheln lassen.

3 Den Knoblauch abziehen und fein hacken. Mit Salz und Pfeffer in das Curry einrühren. Koriander abspülen, hacken und über das Gericht streuen.

# KRABBEN-SPINAT-RÜHREI

1 Port.

20 Min.

leicht

**Zutaten**

125 g Krabben
2 Handvoll Spinat
etwas Pfeffer
2 Eier
1 Prise Muskatnuss
1 EL Rapsöl
1 Zwiebel
1 Spritzer Zitronensaft
etwas frischer Dill

**Nährwerte**

*398 kcal*
*7 g Kohlenhydrate*
*23 g Fett*
*40 g Eiweiß*

1 Spinat putzen und trocken tupfen. Die Zwiebel schälen und würfeln. Dill nach dem Abspülen trocken schütteln und fein hacken. Krabben abwaschen, dann abtropfen lassen und mit Zitronensaft begießen. Krabben salzen und pfeffern.

2 Öl in einer Pfanne erhitzen und die Krabben anbraten. Eier quirlig aufschlagen und über die Krabben geben. Bei reduzierter Hitze und bei gelegentlichem Rühren die Eimasse stocken lassen.

3 Die Zwiebel in einem separaten Topf andünsten, Spinat einrühren und zusammenfallen lassen. Salzen, pfeffern und mit Muskatnuss verfeinern. Spinatgemisch zum Rührei geben und nochmals abschmecken. Gehackten Dill über das Rührei streuen.

# COUSCOUS-TOFU-PFANNE

   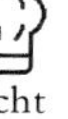

4 Port. 30 Min. leicht

## Zutaten

1 rote Zwiebel
etwas Pfeffer
150 g Couscous
100 g Räuchertofu
½ TL gemahlener Koriander
50 g Cashewkerne
1 Knoblauchzehe
500 g Spinat
etwas Salz
3 EL Olivenöl
300 ml Wasser
½ TL Kreuzkümmel
100 ml Kokosmilch

## Nährwerte

*428 kcal*
*33 g Kohlenhydrate*
*25 g Fett*
*14 g Eiweiß*

1 Wasser aufkochen lassen und den Couscous in einer Schüssel mit Salz damit bedecken und 10 – 15 Minuten quellen lassen. Spinat putzen, ¾ davon hacken, den Rest beiseitelegen.

2 Den Tofu zerbröseln, Knoblauch und Zwiebel abziehen und hacken. Cashewkerne ebenso hacken, dann Öl in einer Pfanne erhitzen und Cashewkerne, Knoblauch, Zwiebel und Tofu hineingeben. Kurz anbraten, dann den Spinat hinzufügen und zusammenfallen lassen.

3 Den Couscous beimengen und die Kokosmilch angießen. Mit Koriander, Salz, Kreuzkümmel und Pfeffer würzen. Mit übrigem Spinat garnieren und servieren.

# GRÜNKERN-RISOTTO

3 Port.

40 Min.

mittel

**Zutaten**

250 g Grünkern
250 g braune Champignons
30 g Parmesan
2 EL Olivenöl
300 g Hähnchenbrustfilet
3 Zwiebeln
½ TL Muskatnuss
etwas Pfeffer
650 ml Gemüsebrühe
etwas Salz
150 g Crème fraîche
300 g Blattspinat

**Nährwerte**

*550 kcal*
*46 g Kohlenhydrate*
*23 g Fett*
*32 g Eiweiß*

1 Die Pilze putzen und in Scheiben schneiden. Ebenso die Zwiebeln nach dem Abziehen zerkleinern. Spinat putzen und auseinanderrupfen. 1 EL Olivenöl in einem Topf erwärmen, Zwiebeln und Grünkern hinzufügen und 5 Minuten andünsten.

2 Die Brühe angießen und alles aufkochen lassen. Eine Viertelstunde bei reduzierter Hitze köcheln lassen, dann Gewürze und Gemüse zufügen. Nochmals 10 Minuten kochen lassen, dann Crème fraîche einrühren.

3 Fleisch abwaschen und trocken tupfen. Restliches Öl in einer Pfanne erwärmen und das Fleisch darin rundherum 6 Minuten anbraten. Danach würzen und in Streifen schneiden. Das Fleisch zum Risotto geben und den Parmesan darüber reiben.

# BOHNENBURGER

2 Port.

45 Min., Ruhezeit: 60 Min

mittel

**Zutaten**

Für die Pattys:
½ TL Chiliflocken
100 g Karotten
etwas Pfeffer
1 Dose Kidneybohnen
etwas Salz
1 Knoblauchzehe
½ rote Zwiebel
etwas Öl
2 TL Mehl
Für den Belag:
2 Burgerbrötchen
2 EL Mayonnaise
1 Basilikumzweig
2 EL Ajvar
1 Tomate

**Nährwerte**

*330 kcal*
*41 g Kohlenhydrate*
*13 g Fett*
*11 g Eiweiß*

1 Die Bohnen in ein Sieb geben und abtropfen lassen. Karotte schälen und reiben, Knoblauch und Zwiebel nach dem Abziehen hacken. Knoblauch, 1 TL Mehl, Zwiebel, Bohnen und Karotte pürieren.

2 Die Masse mit Pfeffer, Chili und Salz verfeinern und zu 2 Burgerpattys formen. Die entstandenen Pattys in 1 TL Mehl wälzen und dann für eine Stunde in den Kühlschrank stellen.

3 Den Grill mit Backpapier bedecken und die Pattys darauf bei indirekter Hitze 10 Minuten grillen. Währenddessen die Brötchen aufschneiden und direkt anrösten. Mit Mayonnaise und Ajvar bestreichen.

4 Basilikum abspülen und die Blätter abzupfen. Die Tomate waschen und in Scheiben schneiden. Burgerpattys auf die Brötchen legen und mit Tomatenscheiben und Basilikum belegen. Anschließend mit der anderen Brötchenhälfte bedecken.

# KICHERERBSEN-KÜRBIS-PFANNE

4 Port.

50 Min.

mittel

**Zutaten**

etwas Pfeffer
3 Knoblauchzehen
etwas Zimt
1 TL Harissa
1 Hokkaido-Kürbis
3 EL Agavendicksaft
250 g Kichererbsen aus der Dose
200 ml Gemüsebrühe
1 Prise gemahlener Piment
1 Bund Petersilie
3 EL Olivenöl
40 g Mandelblättchen
250 g rote Zwiebeln
75 g Sultaninen
3 TL Kreuzkümmel
etwas Salz

**Nährwerte**

*524 kcal*
*69 g Kohlenhydrate*
*20 g Fett*
*13 g Eiweiß*

1 Den Kürbis schälen, entkernen und das Fruchtfleisch klein würfeln. Kichererbsen abspülen und abtropfen lassen, Zwiebeln und Knoblauchzehen schälen und hacken. Öl in einer Pfanne erwärmen.

2 Knoblauch, Rosinen und Zwiebel in der Pfanne andünsten. Dann an den Rand schieben und den Agavendicksaft in die Mitte geben. Harissa und 1 TL Kreuzkümmel einrühren. Kürbis hinzufügen und kurz anbraten.

3 Den Kürbis nun salzen und pfeffern, Kichererbsen dazugeben, dann die Brühe angießen. Alles aufkochen und 13 Minuten köcheln lassen. Petersilie abwaschen, trocken schütteln und hacken. Mandelblättchen separat in einer Pfanne ohne Fett anrösten.

4 Die Kürbispfanne noch mit Kreuzkümmel, Pfeffer, Salz, Piment und Zimt verfeinern. Petersilie und Mandeln darüber streuen und servieren.

# GRÜNKOHL-KNÖDEL IN RAHMSOSSE

8 Port.

40 Min.

mittel

**Zutaten**

190 g Hartweizengrieß
etwas Pfeffer
125 g Grünkohl
50 g Bergkäse
1 Prise Muskatnuss
200 g Sahne
etwas Salz
300 ml Milch
2 Zwiebeln
2 Eier
125 g gewürfelter Speck
40 g + 1 EL Butter
150 g braune Champignons

**Nährwerte**

*362 kcal*
*23 g Kohlenhydrate*
*23 g Fett*
*12 g Eiweiß*

1 Kohl putzen und 3 Minuten in kochendes Salzwasser geben. Danach mit kaltem Wasser abschrecken, anschließend ausdrücken und hacken. Zwiebeln abziehen und fein würfeln, 1 EL Butter in einem Topf erhitzen und die Zwiebeln darin anschwitzen.

2 Pfeffer, Muskatnuss und Salz einrühren. Restliche Butter, 1 TL Salz und Milch in einem weiteren Topf aufkochen lassen. Grieß einrühren, sodass sich ein großer Kloß bildet. In eine Schüssel füllen und 1 Ei hineinschlagen.

3 Grünkohl hinzufügen und alles gründlich verkneten. Abkühlen lassen, bis das Gemisch lauwarm ist. Käse reiben und mit dem zweiten Ei hinzufügen und verkneten. Salzwasser in einem Topf zum Sieden bringen.

4 Mit den Händen aus der Masse Knödel formen und eine Viertelstunde im Wasser garen. Sie sind fertig, wenn sie oben schwimmen. Währenddessen Speck in einer Pfanne auslassen, Pilze putzen und würfeln.

5 Pilze zum Speck geben und beides salzen und pfeffern. Die Sahne angießen und 5 Minuten köcheln lassen. Die fertigen Knödel mit der Rahmsoße übergießen und servieren.

# FISCHEINTOPF BRASILIANISCHER ART

8 Port.

45 Min.

mittel

**Zutaten**

2 rote Chilischoten
150 g Zwiebeln
etwas Pfeffer
1 grüne Paprika
1 Stück Ingwer
1 rote Paprika
400 g Tomaten
1 gelbe Paprika
etwas Salz
4 Knoblauchzehen
1 Stange Staudensellerie
1 Bund Frühlingszwiebeln
1 Limette
200 g küchenfertige Garnelen
400 g weißes Fischfilet
1 l Geflügelbrühe
200 ml Kokoswasser
1 Bund Koriander
1 EL Kreuzkümmel
2 EL Öl

**Nährwerte**

*280 kcal*
*15 g Kohlenhydrate*
*7 g Fett*
*34 g Eiweiß*

1 Zwiebel und Knoblauch abziehen und hacken. Paprika und Chili waschen, entkernen und würfeln. Tomaten nach dem Waschen entkernen und vierteln. Staudensellerie putzen und in Würfel schneiden. Öl in einem Topf erhitzen.

2 Paprika, Sellerie, Zwiebel und Knoblauch unter Rühren einige Minuten anbraten. Chili und Tomaten hinzufügen, salzen, pfeffern, dann den Ingwer einrühren. Brühe und Kokoswasser angießen, Kreuzkümmel einmengen und aufkochen lassen.

3 10 Minuten köcheln lassen. Währenddessen die Limette auspressen. Koriander abspülen und die Blätter zupfen. Frühlingszwiebeln putzen und in Ringe schneiden, Fisch trocken tupfen, danach in Stücke teilen.

4 Garnelen und Fisch in den Topf geben und bei reduzierter Hitze 5 Minuten garen. Den Eintopf mit Koriander und Limettensaft verfeinern. Mit Frühlingszwiebeln bestreuen und genießen.

# KARTOFFEL-AVOCADO-BOWL

2 Port.

50 Min.

mittel

**Zutaten**

1 Avocado
400 g festkochende Kartoffeln
50 g Feta
1 Handvoll Rucola
etwas Salz
2 TL Sonnenblumenkerne
½ Bund Radieschen
1 EL Leinöl
etwas Pfeffer
4 Gewürzgurken
4 EL Naturjoghurt
½ Gurke
1 Majoranzweig

**Nährwerte**

*483 kcal*
*43 g Kohlenhydrate*
*27 g Fett*
*14 g Eiweiß*

1 Kartoffeln schälen und eine Viertelstunde in kochendem Salzwasser garen. Danach mit kaltem Wasser abschrecken und abtropfen lassen. Radieschen und Salatgurke putzen und in Scheiben schneiden.

2 Rucola abwaschen, trocken schütteln und zerrupfen. Gewürzgurken würfeln, Avocado entsteinen, das Fruchtfleisch herauslösen und in Streifen schneiden. Majoran nach dem Abspülen hacken.

3 Gurkensud, Majoran, Öl, Naturjoghurt, Gewürzgurken, Pfeffer und Salz mischen. Feta zerbröseln, Kartoffeln in Scheiben schneiden und mit Rucola, Gurken und Radieschen vermischen.

4 Das Gemisch in eine Bowl geben, Avocado, Sonnenblumenkerne und Feta darüber verteilen, dann mit dem Dip beträufeln.

# LACHSSPIESSE MIT FENCHEL-SALSA

4 Port.

45 Min.

mittel

**Zutaten**

etwas Salz
1 rote Chilischote
200 g reife Tomaten
etwas Pfeffer
1 Limette
1 Fenchelknolle
1 getrocknete Chilischote
3 Korianderstiele
2 Frühlingszwiebeln
3 EL Olivenöl
400 g enthäutete Lachsfilets

**Nährwerte**

*225 kcal*
*4 g Kohlenhydrate*
*14 g Fett*
*19 g Eiweiß*

1 Tomaten nach dem Waschen vierteln, Kerne und Stielansätze herausschneiden. Frühlingszwiebeln abspülen und in Ringe schneiden, Fenchel putzen, entkernen und würfeln. Die frische Chilischote entkernen, waschen und hacken.

2 Die Limette halbieren und auspressen. Koriander waschen, trocken schütteln und fein schneiden. Die vorbereiteten Zutaten mit 1 EL Öl vermischen, salzen, in den Kühlschrank stellen und eine halbe Stunde durchziehen lassen.

3 Fisch gleichmäßig in 12 Würfel schneiden und die getrocknete Chilischote mit den Händen zerbröckeln. Pfeffer, restliches Öl und Chilischote vermischen, dann über den Fisch geben und eine Viertelstunde ruhen lassen.

4 Die Fischwürfel salzen und auf 4 Holzspieße verteilen. In einer Grillpfanne die Spieße etwa 5 Minuten grillen und mehrfach dabei wenden. Mit der vorbereiteten Salsa anrichten und servieren.

# Snacks & Smoothies

# FÜR DEN KLEINEN HUNGER ZWISCHENDURCH

Bestimmt kennen Sie das: Sie haben eigentlich erst vor einer Stunde zu Mittag gegessen, aber schon regt sich wieder Appetit in Ihnen. Und bis zum Abendessen ist es doch noch so lange hin! Gerade in solchen Situationen neigen wir dazu, zu Süßigkeiten und anderen zuckerhaltigen Snacks zu greifen. Damit Ihnen das nicht passiert, sollten Sie sich schon im Voraus für den nächsten Tag eine gesunde Zwischenmahlzeit überlegen und bestenfalls schon vorbereiten. So können Sie dem Griff ins Süßigkeitenfach vorbeugen. Daher finden Sie hier Rezepte für kleine Mahlzeiten zwischendurch oder auch Snacks in flüssiger Form: Smoothies.

Smoothies stammen aus den USA und daher kommt auch ihr Name, denn smooth heißt auf Englisch weich, glatt und geschmeidig. Das Getränk wurde in den Vereinigten Staaten seit den 1920er-Jahren in Saftbars ausgeschenkt. Die erste Saftbar-Kette eröffnete Julius Freed 1929. Diese bestand aus etwa 100 Filialen und nannte sich „Orange Julius". Verrückt, welche Anfänge ein heute so bekanntes Getränk genommen hat! Eine erste Beliebtheitswelle folgte in den 1960er-Jahren, in denen das Getränk aus frischen Früchten vor allem bei der vegetarischen Bewegung bekannt wurde. Mittlerweile gibt es fast überall auf der Welt Smoothies zu kaufen. Ein Problem hierbei ist, dass es keine lebensmittelrechtliche Definition gibt, was ein Smoothie ist und welche Getränke sich so nennen dürfen. Daher ist bei Fertigprodukten besonders auf die Zutatenliste zu achten!

Am gesündesten sind Smoothies sowieso, wenn sie frisch zubereitet werden. Hierbei wird oft alles einer Frucht – auch die Schale, wenn möglich – püriert und manchmal mit anderen Zusätzen wie Milchprodukten oder Wasser vermischt. So ein Snack ist eine wahre Vitaminbombe! Gut verschlossen und gekühlt können Sie Ihren Smoothie fürs Büro aber ruhig am Abend vorher zubereiten. Auch bei dieser Essenskreation sind Ihrer Kreativität übrigens keine Grenzen gesetzt! Nutzen Sie Ihr Lieblingsobst oder -gemüse und mischen Sie Ihre Zutaten nach Herzenslaune. Vielleicht können Sie ja schon bald eine eigene Smoothiekreation Ihren Gästen anbieten. Vor allem grüne Smoothies aus Wasser, einigen Früchten und Kräutern oder Blattgemüse liefern Ihrem Körper allerhand wichtige Mineral- und Nährstoffe. Falls Sie jedoch nicht ganz so einfallsreich sind oder überhaupt nicht wissen, wo Sie anfangen sollen, können Sie sich wie immer an den nachfolgenden Rezepten ausprobieren und nach und nach herausfinden, welche Smoothies Ihnen am besten schmecken.

Damit die Zubereitung besonders einfach geht, gibt es mittlerweile verschiedenes Zubehör. Extra Smoothie-Maker oder Entsafter sind besonders gefragt. Aber keine Sorge: Für den Anfang reicht auch ein handelsüblicher, leistungsstarker Standmixer. Für einige Rezepte kann auch ein Pürierstab verwendet werden. Je nachdem, ob Sie Ihren Smoothie eher dickflüssiger oder weicher haben möchten, können Sie auch immer noch etwas Wasser in das Endprodukt einmischen, bis die gewünschte Konsistenz erreicht ist. Es gibt jedoch auch noch viele andere leckere und zuckerfreie Snacks, die es zu entdecken gibt.

Gesunde Chips? Kein Problem! Theoretisch können Sie jedes Obst und Gemüse in dünne Scheiben geschnitten zu knackigen Chips umwandeln. Oder dürfen es doch lieber geröstete Kichererbsen sein? Die Welt der zuckerfreien Snacks ist auf jeden Fall größer, als Sie vielleicht denken!

# ERDBEER-MINZ-SMOOTHIE

4 Port. 10 Min. leicht

**Zutaten**

3 EL Mandelmus
500 g Erdbeeren
300 g Wasser
400 g Naturjoghurt
30 g frische Pfefferminze

**Nährwerte**

*179 kcal*
*14 g Kohlenhydrate*
*10 g Fett*
*7 g Eiweiß*

1 Pfefferminze abspülen, trocken schütteln und die Blätter abzupfen. Erdbeeren putzen, das Grün entfernen und vierteln.

2 Alle Zutaten in einen Standmixer geben und fein pürieren. In großen Gläsern servieren.

# APFELCHIPS

4 Port.

150 Min.

mittel

**Zutaten**

1 TL Zimt
3 Äpfel

**Nährwerte**

*62 kcal*
*15 g Kohlenhydrate*
*0 g Fett*
*0 g Eiweiß*

1 Äpfel nach dem gründlichen Waschen in feine Scheiben schneiden und die Kerne herausschneiden. Ein Backblech mit Backpapier auslegen und die Apfelscheiben darauf verteilen. Zimt darüber streuen.

2 135 Minuten im heißen Ofen bei 90 °C backen, dabei alle 15 Minuten einmal die Ofentür öffnen, sodass die Feuchtigkeit entweichen kann. Danach vollständig auskühlen lassen.

# KURKUMA-WASSER

4 Port.

30 Min.

leicht

**Zutaten**

1 Stück Ingwer
1 l Wasser
1 Orange
1 Prise Pfeffer
1 TL Kurkuma

**Nährwerte**

*18 kcal*
*3 g Kohlenhydrate*
*0 g Fett*
*0 g Eiweiß*

1 Ingwer schälen und hacken, derweil Wasser in einem Topf erwärmen. Pfeffer, Ingwer und Kurkuma ins Wasser mischen und einmal aufkochen lassen. Bei reduzierter Hitze 10 Minuten köcheln lassen.

2 Die Orange halbieren und den Saft herauspressen. Das Wasser abkühlen lassen, dann den Orangensaft einmischen. Gegebenenfalls mit Eiswürfeln versehen.

# ROTE-BETE-ROSMARIN-CHIPS

4 Port.

65 Min.

mittel

**Zutaten**

½ TL Salz
70 g Rote Bete
1 Rosmarinzweig
1 EL Olivenöl

**Nährwerte**

*103 kcal*
*6 g Kohlenhydrate*
*8 g Fett*
*1 g Eiweiß*

1 Die Rote Bete nach dem Schälen in feine Scheiben hobeln. Rosmarin abspülen, die Nadeln abzupfen und hacken. Anschließend mit der Roten Bete und dem Olivenöl in einer Schüssel kräftig vermischen.

2 Die Scheiben mit etwas Abstand zueinander auf einem Backblech mit Backpapier auslegen. Bei 120 °C 45 Minuten backen, dabei einen Holzlöffel in die Backofentür klemmen, damit die Feuchtigkeit entweichen kann.

3 Abkühlen lassen, mit Salz vermischen und servieren.

# LÖWENZAHN-APFEL-SMOOTHIE

 2 Port.  15 Min.  leicht

**Zutaten**

½ Gurke
150 g Apfel
2 TL Leinöl
80 g Löwenzahn
100 g Wasser

**Nährwerte**

*115 kcal*
*14 g Kohlenhydrate*
*6 g Fett*
*2 g Eiweiß*

1 Löwenzahn, Apfel und die Gurke putzen. Dann alles in grobe Stücke schneiden und in einen Standmixer füllen.

2 Die anderen Zutaten mit einfüllen und pürieren, bis alles eine homogene, dickflüssige Masse ist. Eventuell noch etwas Wasser hinzufügen.

# APFELMUS

 16 Port.  25 Min.  leicht

**Zutaten**

1 TL gemahlene Vanille
5 EL Zitronensaft
200 ml Wasser
2 kg Äpfel
1 Prise Zimt

**Nährwerte**

*78 kcal*
*18 g Kohlenhydrate*
*0 g Fett*
*0 g Eiweiß*

1 Äpfel waschen, entkernen, stückeln und mit dem Wasser in einem Topf zum Kochen bringen. Danach 10 Minuten köcheln lassen.

2 Währenddessen ausgewaschene Marmeladengläser im heißen Ofen bei 120 °C Ober- und Unterhitze für 10 Minuten offen erhitzen.

3 Zitronensaft in den Topf rühren, dann die gesamte Masse mit einem Pürierstab mixen und Vanille und Zimt einmengen. Die Masse nun in die sterilen Gläser geben und verschlossen lagern.

# BANANENJOGHURT

1 Port.

5 Min.

leicht

**Zutaten**

1 Banane
250 g Naturjoghurt
5 g Zitronensaft

**Nährwerte**

*300 kcal*
*39 g Kohlenhydrate*
*10 g Fett*
*11 g Eiweiß*

1 Die Banane nach dem Schälen in Scheiben schneiden und in den Joghurt einrühren.

2 Mit Zitronensaft abschmecken und genießen.

# VERDAUUNGSSMOOTHIE

 2 Port.  10 Min.  leicht

**Zutaten**

2 TL Flohsamenschalen
1 Banane
500 ml Kefir
200 g Erdbeeren
1 EL geschroteter Leinsamen

**Nährwerte**

*280 kcal*
*28 g Kohlenhydrate*
*11 g Fett*
*11 g Eiweiß*

1 Erdbeeren waschen und das Grün entfernen. Die Banane schälen. Dann mit allen anderen Zutaten in ein hohes Gefäß geben und fein pürieren.

2 Das Gemisch auf zwei Gläser aufteilen und servieren.

# GERÖSTETE KICHERERBSEN

2 Port.

30 Min.

leicht

**Zutaten**

1 Prise Kümmel
265 g Kichererbsen aus der Dose
1 TL Kurkuma
2 EL Rapsöl
½ TL Salz
1 Prise Kreuzkümmel
1 TL edelsüßes Paprikapulver

**Nährwerte**

*247 kcal*
*24 g Kohlenhydrate*
*12 g Fett*
*10 g Eiweiß*

1 Kichererbsen mit Wasser abspülen und dann trocken tupfen. Dann mit allen Gewürzen und Öl in einer Schüssel vermengen.

2 In einer Pfanne bei mittlerer Hitze etwa 20 Minuten knusprig rösten. Etwas abkühlen lassen, dann servieren.

# PROTEINRIEGEL

12 Port.

30 Min.

mittel

**Zutaten**

50 g Mandeln
100 g Haferflocken
½ TL Zimt
50 g Kakaopulver
80 g Süßlupinenmehl
30 g getrocknete Cranberrys
50 g Kokosöl
4 getrocknete Datteln
125 g Mandelmus

**Nährwerte**

*205 kcal*
*11 g Kohlenhydrate*
*15 g Fett*
*7 g Eiweiß*

1 Datteln, Mandeln und Cranberrys grob hacken. Kokosöl in einem Topf zum Schmelzen bringen. Kakao, Zimt, Lupinenmehl und Haferflocken vermischen.

2 Datteln, Kokosöl und Cranberrys hinzufügen und zu einer klebrigen Masse verkneten. Das Gemisch in eine Auflaufform geben, flach drücken und mit den Mandeln bestreuen.

3 Eine Viertelstunde bei 180 °C Ober- und Unterhitze backen, danach in 12 Riegel schneiden.

# TOMATEN-SNACKS MIT GUACAMOLE

4 Port.

40 Min.

schwer

**Zutaten**

1 l Sonnenblumenöl
etwas Pfeffer
2 Avocados
etwas Salz
2 EL Öl
125 g Mehl
800 g Tomaten
2 EL Öl
150 ml Weißwein
Saft einer Zitrone
1 rote Zwiebel
2 Eiweiße

**Nährwerte**

*560 kcal*
*29 g Kohlenhydrate*
*42 g Fett*
*9 g Eiweiß*

1 Zwiebel schälen und hacken, Avocado entkernen und das Fruchtfleisch mit dem Zitronensaft beträufeln und mit einer Gabel zerdrücken. Zwiebel dazugeben, salzen und pfeffern. Die Guacamole bis zum Servieren kaltstellen.

2 Tomaten waschen und in Scheiben schneiden. Mehl in eine Schüssel sieben, Öl, Mehl und Salz dazugeben. Die Eiweiße steif schlagen und unter das Mehlgemisch heben.

3 Öl in einer tiefen Pfanne auf 175 °C erhitzen. Die Tomatenscheiben erst im Teig wälzen, dann 4 Minuten in der Pfanne frittieren. Danach auf einem Küchenpapier abtropfen lassen. Tomaten anrichten und mit Pfeffer bestreuen. Mit der Guacamole servieren.

# KIRSCH-SMOOTHIE

4 Port.

15 Min.

leicht

**Zutaten**

100 g Erdbeeren
einige Eiswürfel
etwas Minze
250 g Süßkirschen
400 ml Mineralwasser
50 g Heidelbeeren

**Nährwerte**

*50 kcal*
*9 g Kohlenhydrate*
*0 g Fett*
*1 g Eiweiß*

1 Erdbeeren, Heidelbeeren und Kirschen waschen, verlesen und abtropfen lassen. Kirschen entkernen, das Grün von den Erdbeeren entfernen. Dann alle Früchte mit einem Pürierstab pürieren.

2 Smoothie auf 4 Gläser aufteilen. Eiswürfel und Mineralwasser gleichmäßig dazugeben. Minze abwaschen und zum Garnieren verwenden..

# HIMBEER-POPCORN

4 Port. 15 Min. leicht

**Zutaten**

8 g Rote-Bete-Pulver
500 g Maiskörner
1 Limette
25 g TK-Himbeeren
1 TL Rapsöl

**Nährwerte**

*432 kcal*
*82 g Kohlenhydrate*
*6 g Fett*
*11 g Eiweiß*

1 Öl in einem Topf mittel-heiß erhitzen und den Mais auf dem Boden verteilen. Den Deckel schließen, ab und an den Topf bewegen und etwa 5 Minuten lang warten, bis der Mais nicht mehr aufpoppt.

2 In der Zwischenzeit die Himbeeren und das Pulver miteinander fein mörsern. Limette heiß abspülen und eine Hälfte auspressen. Die Limettenschale abreiben.

3 Popcorn in eine Schüssel geben und mit dem Pulver und den Limettenzutaten vermengen.

# KAKAO-HEIDELBEER-SHAKE

1 Port.

5 Min.

leicht

**Zutaten**

300 ml Mandeldrink
1 TL Kakaopulver
50 g Heidelbeeren
1 Prise Zimt
30 g Schoko-Eiweiß-pulver

**Nährwerte**

*216 kcal*
*15 g Kohlenhydrate*
*5 g Fett*
*26 g Eiweiß*

1 Beeren waschen und verlesen. Alle Zutaten in einen Standmixer geben und bis zur gewünschten Konsistenz mixen. In ein hohes Glas geben und den Shake servieren.

# BIRNEN-SMOOTHIE

1 Port.

10 Min.

leicht

**Zutaten**

1 TL Mandelmus
2 EL neutrales Protein-pulver
1 Prise Vanillepulver
200 ml Reisdrink
1 Prise Zimt
1 Birne
etwas Salz

**Nährwerte**

*288 kcal*
*25 g Kohlenhydrate*
*8 g Fett*
*27 g Eiweiß*

1 Die Birne abspülen, entkernen und in einen Standmixer geben. Zimt, Salz, Mandelmus, Vanillepulver und Proteinpulver hinzufügen.

2 Anschließend den Reisdrink angießen und alles zur gewünschten Smoothie-Konsistenz pürieren. In ein großes Glas füllen und genießen.

# GRÜNKOHL-SMOOTHIE

 4 Port.

 15 Min.

 leicht

**Zutaten**

100 g Grünkohlblätter
10 g Ingwer
200 g Ananasfrucht-fleisch
300 ml Kokoswasser
1 Kästchen Kresse
½ Zitrone
250 ml Wasser

**Nährwerte**

*52 kcal*
*10 g Kohlenhydrate*
*1 g Fett*
*2 g Eiweiß*

1 Zitrone auspressen, Ananasfruchtfleisch würfeln und den Grünkohl nach dem Putzen klein schneiden. Kresse vom Beet schneiden und etwas zum Toppen beiseitelegen.

2 Ingwer nach dem Schälen hacken. Zitronensaft, Kresse, Ananas, Grünkohl und Ingwer in einen Standmixer füllen, Kokoswasser und Wasser angießen. Bis zur gewünschten Konsistenz pürieren, Smoothie in vier Gläser füllen und mit der restlichen Kresse garnieren.

# MANGO-PAPRIKA-SMOOTHIE

4 Port.

15 Min.

leicht

**Zutaten**

300 ml Haferdrink
150 g Mangofrucht-fleisch
100 g Heidelbeeren
1 gelbe Paprika
150 g Papayafrucht-fleisch
1 EL Leinöl
1 Bio-Orange
100 g Himbeeren
1 Bio-Limette
1 TL Kurkumapulver

**Nährwerte**

*151 kcal*
*24 g Kohlenhydrate*
*4 g Fett*
*2 g Eiweiß*

1 Papaya- und Mangofruchtfleisch in Würfel schneiden, Paprika waschen und stückeln. Limette und Orange halbieren und den Saft auspressen.

2 Alle Zutaten, bis auf die Beeren, pürieren. Beeren waschen und verlesen, dann auf 4 Smoothie-Gläser verteilen.

3 Den pürierten Drink auf die Beeren gießen und servieren.

# PESTO-SCHNECKEN

24 Port.

55 Min., Ruhezeit: 70 Min.

schwer

**Zutaten**

etwas Pfeffer
100 g getrocknete Tomaten
500 g Dinkelmehl
100 g Parmesan
2 EL Tomatenmark
1 Bund Basilikum
etwas Salz
350 ml Landmilch
1 Pck. Trockenhefe
100 ml Olivenöl
60 g Cashewkerne

**Nährwerte**

*147 kcal*
*16 g Kohlenhydrate*
*7 g Fett*
*5 g Eiweiß*

1 Cashewkerne und Tomaten in eine Schüssel geben und mit kochendem Wasser bedecken. Etwa 60 Minuten quellen lassen. Währenddessen Salz, Mehl und Hefe vermengen. 300 ml lauwarme Milch und 40 ml Olivenöl zum Teig geben.

2 Das Gemisch zu einem homogenen Teig verarbeiten, zudecken und eine halbe Stunde gehen lassen. Inzwischen den Käse reiben, Basilikum abwaschen und die Blättchen abzupfen.

3 Tomaten und Cashewkerne in ein Sieb geben, dann mit der Hälfte des Basilikums und dem ganzen Tomatenmark pürieren. Restliches Olivenöl und 50 g des Käses unter das Pesto heben. Mit Pfeffer verfeinern.

4 Hefeteig nochmals kneten, dann zu einem Rechteck auf einer bemehlten Arbeitsfläche ausrollen (55 x 40 cm). Das Rechteck mit Pesto bestreichen, dann den übrigen Käse und die andere Hälfte des Basilikums darüber geben. Längsseitig aufrollen und die Rolle nun in 3 cm dicke Scheiben schneiden.

5 Ein Backblech mit Backpapier auslegen und die Schnecken darauf flach hinlegen. Mit der übrigen Milch benetzen und wieder 10 Minuten zugedeckt ruhen lassen. Schließlich im vorgeheizten Backofen bei 200 °C Ober- und Unterhitze 17 Minuten backen.

# RADIESCHEN-SNACK

1 Port.

20 Min.

mittel

**Zutaten**

50 g Gurke
6 runde Cracker
6 Radieschen
30 g Frischkäse

**Nährwerte**

*115 kcal*
*12 g Kohlenhydrate*
*4 g Fett*
*5 g Eiweiß*

1 Radieschen nach dem Putzen halbieren. Die Enden gerade schneiden, sodass man die Hälften aufstellen kann. Die Gurke schälen und in 3 Scheiben schneiden.

2 6 Radieschenhälften mit Frischkäse bestreichen und auf eine Hälfte je 1 Cracker setzen. Gurke darüber verteilen. Dann mit der passenden Radieschen-Hälfte bedecken. Die „Radieschen-Burger" auf einen Teller anrichten und servieren.

# ZUCCHINI-PIZZATEILCHEN

1 Port.

120 Min., Ruhezeit: 65 Min.

schwer

**Zutaten**

¼ Würfel Hefe
230 g + 2 EL Dinkelvollkornmehl
30 g grünes Pesto
1 Knoblauchzehe
2,5 EL Olivenöl
45 g geröstete Pinienkerne
etwas Salz
20 g Haferkleie
250 g Ricotta
etwas Pfeffer
2 Schalotten
250 g Zucchini
110 ml + 1,5 EL lauwarmes Wasser

**Nährwerte**

*265 kcal*
*25 g Kohlenhydrate*
*13 g Fett*
*11 g Eiweiß*

1 Haferkleie und Mehl in eine Schüssel geben und in der Mitte eine Mulde formen. Hefe in 1,5 EL Wasser auflösen, dann in die Mulde geben. 5 Minuten zugedeckt ruhen lassen, daraufhin 1,5 EL Öl, Salz und restliches Wasser hinzufügen.

2 Das Gemisch 10 Minuten lang zu einem glatten Teig verarbeiten, diesen zugedeckt an einem warmen Ort 60 Minuten ruhen lassen. Währenddessen Knoblauch und Schalotten abziehen und hacken.

3 Zucchini nach dem Putzen würfeln, restliches Öl in einer Pfanne erwärmen. Zucchini, Knoblauch und Schalotten darin 4 Minuten anbraten, dann salzen, pfeffern und abkühlen lassen. Nun Ricotta einrühren und nochmals abschmecken.

4 Den Teig auf einer bemehlten Arbeitsfläche zu einem Rechteck ausrollen. Dieses mit Pesto bedecken, dabei einen breiteren Rand frei lassen. Die Zucchini-Mischung auf dem Pesto verteilen und die Pinienkerne darüber streuen.

5 Den Teig von der Längsseite her aufrollen und die Rolle mit der Naht nach unten auf ein Backblech mit Backpapier legen. Die Rolle in 8 Scheiben schneiden und diese auf das Backblech mit etwas Abstand voneinander legen.

6 Die Pizzateilchen 40 Minuten lang bei 180 °C Ober- und Unterhitze backen, danach aus dem Ofen nehmen, kurz abkühlen lassen und servieren.

# Dessert

# WARUM SÜSSSTOFFE NICHT ZU EMPFEHLEN SIND

Zuckerfrei backen? Kann man wirklich Brownies oder Muffins ohne Zucker herstellen? Vielleicht kommen Ihnen da sofort viele Süßstoffe wie Stevia & Co. in den Sinn und Ihre Antwort lautet: Ja, mit entsprechenden Süßstoffen. Allerdings sollte man auf diese nicht setzen. Wie wir schon festgestellt haben, besitzen Süßstoffe eine viel höhere Süßkraft als herkömmlicher Zucker. Dadurch wird der Suchtfaktor jedoch nur erhöht. Trotzdem verwenden viele Diabetiker genau diese Stoffe, um trotzdem Desserts verzehren zu können. Neuste Forschungen hingegen deuten darauf hin, dass Süßstoffe das Risiko für Diabetes sogar erhöhen können! Viele Ernährungswissenschaftler kritisieren mittlerweile, dass die Stoffe noch in Diabetikerernährung vorkommen. Auch die Darmflora und der allgemeine Stoffwechsel können demnach ungünstig beeinflusst werden.

Süßstoffe sind meist künstlich hergestellt, denn es werden nur selten Süßstoffpflanzen verwendet. Da sie kaum oder gar keinen Brennwert enthalten, greifen viele Menschen während einer Diät auf die Süßmacher zurück. Zudem bieten sie den Bakterien, die Karies verursachen, keine Grundlage. Es gibt also tatsächlich Vorteile der Süßstoffverwendung. Der älteste künstliche Süßstoff wurde schon 1885 auf den Markt gebracht! Da dieser jedoch bald der Zuckerproduktion Konkurrenz machte, verbot man ihn in Deutschland vor dem Ersten Weltkrieg und man erhielt diesen nur noch in der Apotheke, wenn man nachweislich an Diabetes erkrankt war.

Die Geschichte von Süßstoffen in Diabetikernahrung ist demnach auch schon sehr alt. Leider fehlen bis heute aussagekräftige Studien zu Langzeitfolgen und Krebsrisiko der Ersatzstoffe. Andere Studien kamen außerdem zu dem Ergebnis, dass Süßstoffe den Hunger und Appetit anregen können und somit einer Diät sogar hinderlich sein könnten. Es sollte auf jeden Fall klar sein, dass eine zuckerfreie Ernährung dann am gesündesten ist, wenn wenig industrielle Stoffe verwendet werden. Natürliche Zutaten können am besten vom Körper verarbeitet werden. Es ist sogar von Vorteil, wenn mit natürlichen Inhaltsstoffen nicht die gleiche Süßkraft wie mit Zucker und Süßstoffen erreicht wird. Unser Geschmack kann so mit einer zuckerfreien Ernährung umgewöhnt werden.

Und ja, Desserts und Backwaren ohne Zucker sind möglich. Es gibt verschiedene natürliche Stoffe, die man in Teig und Co. einarbeiten kann, damit diese schön süß werden. Bananen, Datteln, Rosinen oder süße Beeren sind da beispielsweise zu nennen. Genauso kann Agavendicksaft, Mandelmus oder Ahornsirup verwendet werden. Jedoch sollte vor allem bei Sirup aufgepasst werden: Hier scheiden sich nämlich die Geister, ob diese in einer zuckerfreien Ernährung wirklich erlaubt sind. Dies sollte jedoch jeder für sich selbst entscheiden. Sie sind auf jeden Fall ein natürliches Süßungsmittel und ein Ersatz für Industriezucker. Es sollte jedoch auch hier der Grundsatz gelten: Nicht zu viel des Guten! Im Nachhinein kann man dann sogar sein Stück Kuchen ohne Reue, aber dafür mit ganz viel Genuss verzehren. Zudem sollte hier auch noch einmal kurz auf den Zuckergehalt im Obst eingegangen werden, denn zu viel Fruktose kann auf Dauer eine Belastung für den Körper sein. Doch es gibt große Unterschiede beim Zuckergehalt in verschiedenen Obstsorten. Zu den süßesten Sorten gehören Rosinen, Datteln und Bananen. Also auch Zutaten, die gerne in zuckerfreien Süßspeisen verwendet werden. Daher

sollte auch hier das Dessert wirklich nur ein Dessert bleiben und nicht in Übermaß verspeist werden. Den geringsten Zuckergehalt haben Papayas, Limetten und Avocados.

# PISTAZIEN-AVOCADO-EIS

4 Port.

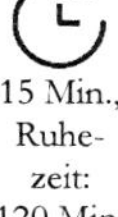
15 Min., Ruhezeit: 120 Min.

leicht

**Zutaten**

20 g Pistazien
100 ml Kokosmilch
3 Bananen
3 EL Limettensaft
2 Avocados

**Nährwerte**

*272 kcal*
*23 g Kohlenhydrate*
*18 g Fett*
*4 g Eiweiß*

1 Banane und Avocado schälen und das Fruchtfleisch stückeln. In einen Gefrierbeutel geben und 2 Stunden im Gefrierfach lagern.

2 Die Pistazien hacken, dann alle Zutaten in einen leistungsstarken Standmixer geben und bis zur gewünschten Konsistenz pürieren. Die Eismasse auf Schalen verteilen und sofort verzehren.

# BANANENBROT

20 Port.

45 Min., Ruhezeit: 10 Min.

leicht

**Zutaten**

1 Prise Zimt
250 g glutenfreie Haferflocken
6 getrocknete Datteln
3 Bananen
125 ml Wasser
50 g Walnüsse
1 Pck. Weinsteinbackpulver

**Nährwerte**

*77 kcal*
*11 g Kohlenhydrate*
*3 g Fett*
*2 g Eiweiß*

1 Wasser erhitzen, über die Datteln gießen und 10 Minuten bedeckt stehen lassen. Währenddessen die Nüsse grob hacken und die Haferflocken in einer Küchenmaschine zu Mehl verarbeiten.

2 Bananen nach dem Schälen mit einer Gabel zu Mus zerdrücken. Datteln und Bananen mit einem Mixer zu Brei verarbeiten, dann Backpulver, Salz und Mehl vermengen und alles zusammen zu einem Teig kneten.

3 Walnüsse und Zimt unter den Teig heben. Eine Kastenform mit Backpapier auskleiden und den Teig hineinfüllen. 25 Minuten bei 220 °C Ober- und Unterhitze backen, dann komplett auskühlen lassen.

# KAKAORIEGEL

8 Port.

25 Min., Ruhezeit: 60 Min.

mittel

**Zutaten**

50 g Cashewnüsse
250 g getrocknete Datteln
25 g Kokosöl
30 g gepuffter Amarant
30 g Hanfproteinpulver
3 EL Chiasamen
40 g geschroteter Leinsamen
20 g Kakaopulver

**Nährwerte**

*135 kcal*
*6 g Kohlenhydrate*
*7 g Fett*
*6 g Eiweiß*

1 Kokosöl zum Schmelzen bringen, dann mit Hanfpulver, Leinsamen und Datteln mit einem Mixer zu einer Paste verarbeiten. Die Nüsse hacken.

2 Kakaopulver, Chiasamen, Nüsse und Amarant zur Paste geben, verrühren und alles auf ein Stück Frischhaltefolie geben. Ein Rechteck (etwa 15 x 20 cm) formen, oben auch wieder mit Folie bedecken und für eine Stunde im Kühlschrank lagern.

3 Die Platte einmal quer halbieren, dann in 3 cm große Teile schneiden. Die Kakaoriegel luftdicht aufbewahren.

# BLAUBEERMUFFINS

 6 Port.

 45 Min.

 leicht

**Zutaten**

2 Eier
1 Prise Salz
3 EL ungesüßtes Apfelmus
2 TL Backpulver
200 g Heidelbeeren
250 g Dinkelmehl
75 g Margarine
1 EL Agavendicksaft
150 ml Mandelmilch

**Nährwerte**

*277 kcal*
*32 g Kohlenhydrate*
*13 g Fett*
*8 g Eiweiß*

1 Salz, Mehl und Backpulver vermengen und den Ofen auf 180 °C Ober- und Unterhitze vorheizen. Separat Apfelmus, Mandelmilch, Agavendicksaft, Eier und Margarine miteinander vermischen.

2 Nach und nach die trockenen Zutaten unter die flüssigen heben. Die Beeren putzen und in den homogenen Teig einmengen. Muffinförmchen auf ein Muffinblech legen und den Teig gleichmäßig mit 2 Löffeln in die Muffinförmchen füllen.

3 Die Muffins ca. 20 – 25 Minuten backen, dann auskühlen lassen und aus dem Blech lösen.

# LAKTOSEFREIES BANANENEIS

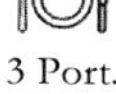
3 Port.

10 Min., Ruhezeit: 6 Std.

leicht

**Zutaten**

3 EL TK-Heidelbeeren
200 ml Mandelmilch
3 TL Kokosraspeln
20 g vegane, zuckerfreie Zartbitterschokolade
3 Bananen

**Nährwerte**

*190 kcal*
*29 g Kohlenhydrate*
*6 g Fett*
*3 g Eiweiß*

1 Bananen schälen, stückeln und diese 6 Stunden lang gefrieren lassen.

2 Nun die gefrorenen Bananen zusammen mit der Mandelmilch pürieren. Heidelbeeren waschen und verlesen, die Schokolade raspeln.

3 Das Eis portionieren und mit Heidelbeeren und Schokoladenraspeln toppen.

# VANILLE-MILCHREIS

1 Port. 50 Min. mittel

**Zutaten**

3 eingelegte Aprikosenhälften
¼ Vanilleschote
1/8 l fettarme Milch
etwas Minze
30 g Rundkornreis
60 g Erdbeeren
1 TL Zitronenschale
etwas Salz
100 g Magerquark
1,5 TL Agavendicksaft
75 ml Wasser

**Nährwerte**

*230 kcal*
*24 g Kohlenhydrate*
*6 g Fett*
*19 g Eiweiß*

1 Salz, Wasser, Milch und Zitronenschale in einen Topf geben. Die Vanilleschote auskratzen und das Mark hinzufügen, aufkochen lassen, den Reis hineingeben und 30 Minuten bei reduzierter Hitze quellen lassen. Den Topf vom Herd nehmen, den Agavendicksaft einrühren und komplett abkühlen lassen.

2 Die Aprikosen würfeln und die Erdbeeren nach dem Putzen in Spalten schneiden. Nun den Quark in den Reis rühren und die Früchte unterheben.

# HIMBEER-SORBET

1 Port.

5 Min.

leicht

## Zutaten

½ Vanilleschote
1 Handvoll
TK-Himbeeren
etwas Minze

## Nährwerte

*64 kcal*
*10 g Kohlenhydrate*
*1 g Fett*
*1 g Eiweiß*

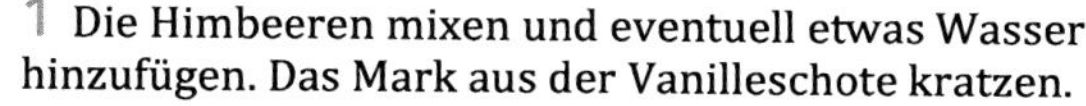

1 Die Himbeeren mixen und eventuell etwas Wasser hinzufügen. Das Mark aus der Vanilleschote kratzen.

2 Das entstandene Sorbet mit dem Vanillemark verfeinern und mit der Minze dekorieren.

# FRUCHTEIS

8 Port.

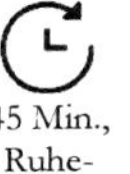

45 Min., Ruhezeit: 7 Std.

schwer

**Zutaten**

150 ml Birnensaft
100 g Brombeeren
100 ml Johannisbeersaft
60 g Kiwi
100 ml roter Traubensaft
1 Orange
100 g Erdbeeren
100 g Kaki

**Nährwerte**

*49 kcal*
*10 g Kohlenhydrate*
*0 g Fett*
*1 g Eiweiß*

1 Kiwi schälen und das Fruchtfleisch pürieren. Anschließend mit dem Birnensaft vermengen und in 4 Eisförmchen geben. Die Orange auspressen, Kaki putzen, die Hälfte stückeln und den Rest mit dem Orangensaft pürieren. Die Masse in 4 weitere Formen füllen und alles 3 Stunden lang gefrieren lassen.

2 Brombeeren verlesen, dann pürieren und mit dem Traubensaft mischen. Erdbeeren putzen, ebenso pürieren und mit dem Johannisbeersaft vermengen.

3 Die Eisförmchen herausholen, auf das Kiwi-Eis das Brombeer-Gemisch geben und auf das Kaki-Eis das Erdbeer-Gemisch. Nochmals 2 Stunden gefrieren lassen, dann 8 Holzstiele hineinstecken und wieder 2 Stunden in den Tiefkühler stellen.

# SCHOKO-PRALINEN

20 Port.

15 Min.

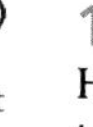
leicht

**Zutaten**

50 g Mandelkerne
100 g getrocknete Datteln
2 EL Kakaopulver

**Nährwerte**

*32 kcal*
*4 g Kohlenhydrate*
*2 g Fett*
*1 g Eiweiß*

1 Mandeln, 1 EL Kakaopulver und Datteln mit einem Hochleistungsmixer zu einem klebrigen Mus verarbeiten.

2 Mit den Händen aus dem Teig 20 gleich große Bällchen formen. Dann im restlichen Kakaopulver wälzen und luftdicht verschlossen im Kühlschrank lagern.

# ERDBEER-JOGHURT-DESSERT

1 Port.

15 Min.

leicht

**Zutaten**

100 g Erdbeeren
1 EL geschroteter Leinsamen
200 g fettarmer Joghurt
50 g Magerquark
3 EL Haferflocken

**Nährwerte**

*338 kcal*
*38 g Kohlenhydrate*
*9 g Fett*
*23 g Eiweiß*

1 Quark und Joghurt miteinander vermischen, Erdbeeren putzen und das Grün entfernen. Die Hälfte der Erdbeeren pürieren.

2 Haferflocken in einer Pfanne goldbraun anrösten. In ein Dessertglas die Joghurtcreme, Haferflocken, Leinsamen und Erdbeerpüree schichten, dann mit den restlichen Erdbeeren toppen.

# SCHOKO-BROWNIES

   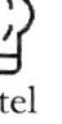

12 Port. 45 Min. mittel

**Zutaten**

½ TL Salz
250 ml Mandeldrink
35 g Kakaopulver
400 g Zucchini
10 g Backpulver
220 g Vollkornmehl
50 ml Rapsöl
1 TL Vanillemark
2 EL Chiasamen
150 g Datteln

**Nährwerte**

*168 kcal*
*21 g Kohlenhydrate*
*6 g Fett*
*4 g Eiweiß*

1 Zucchini abwaschen und raspeln. Mandeldrink, Chiasamen, Datteln und Rapsöl miteinander pürieren. Salz, Vanillemark, Mehl, Kakaopulver und Backpulver separat vermengen.

2 Öl-Gemisch und Zucchini mit den trockenen Zutaten vermengen. Eine Auflaufform mit Backpapier auskleiden und den Teig hineingeben und glatt streichen. Die Brownies eine halbe Stunde bei 160 °C Umluft backen.

3 Die Brownies abkühlen lassen, dann in 12 Stücke schneiden. Zum Schluss mit Kakaopulver bestreuen und servieren.

# ERDBEER-QUARK-TORTE

8 Port.

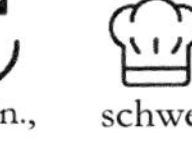
60 Min., Ruhezeit: 16 Std.

schwer

**Zutaten**

1 Mango
500 g Erdbeeren
200 ml Kirschsaft
1 Zitrone
200 g Datteln
3 EL Magerquark
4 Blatt Gelatine
1 EL Chiasamen
200 g gemahlene Mandeln
1 Banane

**Nährwerte**

*325 kcal*
*31 g Kohlenhydrate*
*14 g Fett*
*13 g Eiweiß*

1 Die Zitrone auspressen. Den Saft mit Mandeln und Datteln in einer Küchenmaschine zu einem Teig mixen. Eine Springform mit Backpapier auskleiden und den Teig darin verteilen. Den Boden andrücken und über Nacht im Kühlschrank lagern.

2 Die Erdbeeren putzen und halbieren. Banane und Mango schälen, die Mango entkernen und beides stückeln. Mit den Chiasamen und dem Quark mit einem Stabmixer pürieren. Die Creme auf dem gekühlten Tortenboden glatt streichen.

3 Die Erdbeerhälften auf der Creme platzieren. Die Gelatine nach Packungsanleitung zubereiten und auf eine lauwarme Temperatur abkühlen lassen. 4 EL des Kirschsafts einrühren, dann mit dem übrigen Kirschsaft vermengen. Den Guss über der Torte verteilen und im Kühlschrank etwa 4 Stunden fest werden lassen.

# SCHOKOPUDDING

1 Port.

10 Min.

leicht

**Zutaten**

1 Prise Vanillepulver
½ Avocado
2 EL Mandeldrink
1 TL ungesüßtes Kakaopulver

**Nährwerte**

*247 kcal*
*1 g Kohlenhydrate*
*25 g Fett*
*4 g Eiweiß*

1 Avocado halbieren, entkernen, Fruchtfleisch herauslösen und dieses stückeln. In einen Standmixer füllen.

2 Vanille, Kakaopulver und Mandeldrink hinzufügen und zu einer cremigen Konsistenz pürieren. Pudding in eine Schüssel füllen und genießen.

# ANANAS-MELONEN-SPIESSE

10 Port. 15 Min. leicht

**Zutaten**

1 Wassermelone
1 Ananas

**Nährwerte**

*46 kcal*
*10 g Kohlenhydrate*
*0 g Fett*
*1 g Eiweiß*

1 10 Holzspieße in eine Schüssel mit Wasser legen und 10 Minuten quellen lassen. Melone und Ananas von der Schale befreien und das Fruchtfleisch würfeln.

2 Melone- und Ananaswürfel abwechselnd auf die Holzspieße stecken. Auf einem heißen Grill von jeder Seite etwa 1,5 Minuten grillen und sofort servieren.

# APRIKOSEN-DATTEL-BÄLLCHEN

10 Port. 15 Min. leicht

**Zutaten**

Abrieb einer halben Orange
25 g geschälte Mandelkerne
2 TL Leinsamen
20 g Backkakao
60 g getrocknete Aprikosen
50 g entsteinte Datteln

**Nährwerte**

*34 kcal*
*1 g Kohlenhydrate*
*2 g Fett*
*1 g Eiweiß*

1 Datteln, Aprikosen und Mandeln hacken. Diese Zutaten mit Orangenabrieb und Leinsamen vermischen. Eventuell etwas Wasser hinzufügen, sodass eine klebrige, aber geschmeidige Masse entsteht.

2 Kakaopulver in eine Schüssel geben. Aus dem Teig mit den Händen etwa walnussgroße Bällchen formen und diese im Kakaopulver wenden.

# BLAUBEER-TARTE

12 Port. | 55 Min., Ruhezeit: 30 Min. | mittel

**Zutaten**

2 Eigelbe
½ Vanilleschote
600 g Blaubeeren
1 Prise Salz
1 Prise Zimt
215 g Dinkelmehl
150 g reife Banane
100 g kalte Butter
1 TL Agavendicksaft
30 g gemahlene Mandelkerne

**Nährwerte**

*181 kcal*
*20 g Kohlenhydrate*
*10 g Fett*
*4 g Eiweiß*

1 Das Mark aus der Vanilleschote herauskratzen. Butter stückeln und mit Vanillemark und Agavendicksaft vermischen. Mandeln, Eigelbe, Salz und 200 g Mehl dazugeben, zu einem glatten Teig verkneten und in Frischhaltefolie gewickelt eine halbe Stunde im Kühlschrank lagern.

2 Banane schälen und pürieren. Blaubeeren verlesen und mit Zimt, übrigem Mehl und Bananenmus vermengen. Eine Tarteform mit Backpapier auskleiden, den Teig ausrollen und die Backform inklusive Rand mit dem Teig bedecken.

3 Fruchtgemisch auf die Tarte geben und verteilen. Im vorgeheizten Backofen bei 180 °C Ober- und Unterhitze backen.

# BIRNEN-LIMETTEN-CRUMBLE

4 Port.

45 Min.

mittel

**Zutaten**

60 g Nussmus
75 g zarte Haferflocken
1 EL Ahornsirup
1 Prise Zimt
1 Prise Nelkenpulver
15 g Haselnüsse
200 g Schmand
1 Prise Salz
250 g Birnen
30 g gemahlene Haselnüsse
1 Bio-Limette

**Nährwerte**

*422 kcal*
*33 g Kohlenhydrate*
*29 g Fett*
*9 g Eiweiß*

1 Birnen putzen, aufschneiden, von den Kernen befreien und in Stücke schneiden. Die Birnenstücke auf dem Boden einer Auflaufform verteilen. Die Haselnüsse hacken und in einer Schüssel mit Salz, Zimt, Haferflocken, Nussmus, gemahlenen Nüssen und Nelkenpulver vermischen.

2 Das Nussgemisch mit den Händen verkneten, bis Streusel entstehen. Diese über die Birnenstücke geben und leicht andrücken. Die Auflaufform für 25 Minuten bei 180 °C Ober- und Unterhitze in den Ofen geben.

3 Währenddessen die Limette abspülen, die Schale abreiben und den Saft auspressen. Ahornsirup, Limettenzutaten und Schmand glatt verquirlen, über den warmen Crumble geben und servieren.

# QUINOA-KIRSCH-KUCHEN

12 Port.

60 Min.

mittel

**Zutaten**

120 ml Sonnenblumenöl
120 g Quinoa
150 g Buchweizenmehl
1 EL Zitronensaft
1,2 kg Kirschen
150 g gemahlene Mandeln
5 Eier
40 g Birnendicksaft

**Nährwerte**

*325 kcal*
*29 g Kohlenhydrate*
*20 g Fett*
*8 g Eiweiß*

1 Quinoa in einer Pfanne rösten, bis diese komplett aufgepufft ist. Dann beiseitestellen und abkühlen lassen. Währenddessen die Eier trennen und die Kirschen putzen und entkernen. Zitronensaft und Eiweiße steif schlagen.

2 Öl, Birnendicksaft und Eigelbe vermischen. Quinoa, Mehl und Mandeln dazugeben, dann vorsichtig mit einem Teigschaber den Eischnee unterheben. Ein Backpapier mit Backblech auskleiden und den Teig darauf verteilen und glatt streichen.

3 Die Kirschen auf dem Teigboden verteilen und diesen dann 35 Minuten bei 200 °C Ober- und Unterhitze backen. Danach kurz abkühlen lassen und in 12 gleichmäßige Stücke schneiden.

# 4 Wochen Ernährungsplan

Mit diesem Plan können Sie die ersten vier Wochen Ihrer zuckerfreien Ernährung genießen, ohne sich Gedanken darüber machen zu müssen, was Sie essen sollten. Er wird Ihnen helfen, die zuckerfreie Ernährung problemlos anzugehen. Sie können viele der Gerichte zuvor vorbereiten und planen. Viel Spaß!

**Woche 1:**

<u>Tag 1:</u>

Frühstück: Knuspermüsli (Seite 8)

Mittag: Vegane Blumenkohlsuppe (Seite 31)

Abendessen: Avocado-Kichererbsen-Salat und Rote-Bete-Rosmarin-Chips (Seite 51 und Seite 107)

Snack/Dessert: Pistazien-Avocado-Eis (Seite 127)

Nährwerte: 1224 kcal, 102 g Kohlenhydrate, 71 g Fett, 40 g Eiweiß

<u>Tag 2:</u>

Frühstück: Obstsalat (Seite 16)

Mittagessen: Champignon-Suppe (Seite 41)

Abendessen: Bohnenburger (Seite 95)

Snack/Dessert: Blaubeer-Tarte (Seite 142)

Nährwerte: 1054 kcal, 120 g Kohlenhydrate, 46 g Fett, 25 g Eiweiß

Tag 3:

Frühstück: Arme Ritter (Seite 17)

Mittagessen: Zucchini-Suppe (Seite 42)

Abendessen: Kichererbsen-Kürbis-Pfanne (Seite 96)

Snack/Dessert: Himbeer-Popcorn (Seite 116)

Nährwerte: 1470 kcal, 201 g Kohlenhydrate, 49 g Fett, 45 g Eiweiß

Tag 4:

Frühstück: Tonka-Waffeln (Seite 18)

Mittagessen: Schnelle Minestrone (Seite 43)

Abendessen: Kabeljau In Tomatensosse (Seite 72)

Snack/Dessert: Laktosefreies Bananeneis (Seite 131)

Nährwerte: 1460 kcal, 164 g Kohlenhydrate, 45 g Fett, 91 g Eiweiß

Tag 5:

Frühstück: Mango-Bananen-Oats (Seite 19)

Mittagessen: Rote-Bete-Suppe (Seite 44)

Abendessen: Pizza-Muffins (Seite 75)

Snack/Dessert: Quinoa-Kirsch-Kuchen (Seite 144)

Nährwerte: 1281 kcal, 136 g Kohlenhydrate, 60 g Fett, 38 g Eiweiß

Tag 6:

Frühstück: Griechisches Omelett (Seite 20)

Mittagessen: Miso-Suppe (Seite 45)

Abendessen: Couscous-Frittata (Seite 81)

Snack/Dessert: Schokopudding (Seite 139)

Nährwerte: 1261 kcal, 45 g Kohlenhydrate, 84 g Fett, 97 g Eiweiß

Tag 7:

Frühstück: Haferflocken-Quark-Brötchen (Seite 21)

Mittagessen: Rosenkohl-Dattel-Suppe (Seite 46)

Abendessen: Lachs-Gnocchi-Gericht (Seite 89)

Snack/Dessert: Aprikosen-Dattel-Bällchen (Seite 141)

Nährwerte: 1230 kcal, 99 g Kohlenhydrate, 56 g Fett, 75 g Eiweiß

**Woche 2:**

Tag 1:

Frühstück: Frühstücksbrei (Seite 15)

Mittagessen: Gelbe Suppe (Seite 40)

Abendessen: Grünkohl-Knödel In Rahmsosse (Seite 97)

Snack/Dessert: Himbeer-Sorbet (Seite 133)

Nährwerte: 913 kcal, 92 g Kohlenhydrate, 47 g Fett, 21 g Eiweiß

Tag 2:

Frühstück: Obstsalat (Seite 16)

Mittagessen: Champignon-Suppe (Seite 41)

Abendessen: Bohnenburger (Seite 95)

Snack/Dessert: Blaubeer-Tarte (Seite 142)

Nährwerte: 1054 kcal, 120 g Kohlenhydrate, 46 g Fett, 25 g Eiweiß

Tag 3:

Frühstück: Arme Ritter (Seite 17)

Mittagessen: Zucchini-Suppe (Seite 42)

Abendessen: Kichererbsen-Kürbis-Pfanne (Seite 96)

Snack/Dessert: Himbeer-Popcorn (Seite 116)

Nährwerte: 1887 kcal, 23 g Kohlenhydrate, 140,4 g Fett, 124,7 g Eiweiß

Tag 4:

Frühstück: Tonka-Waffeln (Seite 18)

Mittagessen: Schnelle Minestrone (Seite 43)

Abendessen: Kabeljau In Tomatensosse (Seite 72)

Snack/Dessert: Laktosefreies Bananeneis (Seite 131)

Nährwerte: 1460 kcal, 164 g Kohlenhydrate, 45 g Fett, 91 g Eiweiß

Tag 5:

Frühstück: Mango-Bananen-Oats (Seite 19)

Mittagessen: Rote-Bete-Suppe (Seite 44)

Abendessen: Pizza-Muffins (Seite 75)

Snack/Dessert: Quinoa-Kirsch-Kuchen (Seite 144)

Nährwerte: 1281 kcal, 136 g Kohlenhydrate, 60 g Fett, 38 g Eiweiß

Tag 6:

Frühstück: Griechisches Omelett (Seite 20)

Mittagessen: Miso-Suppe (Seite 45)

Abendessen: Couscous-Frittata (Seite 81)

Snack/Dessert: Schokopudding (Seite 139)

Nährwerte: 1261 kcal, 45 g Kohlenhydrate, 84 g Fett, 97 g Eiweiß

Tag 7:

Frühstück: Haferflocken-Quark-Brötchen (Seite 21)

Mittagessen: Rosenkohl-Dattel-Suppe (Seite 46)

Abendessen: Lachs-Gnocchi-Gericht (Seite 89)

Snack/Dessert: Aprikosen-Dattel-Bällchen (Seite 141)

Nährwerte: 1230 kcal, 99 g Kohlenhydrate, 56 g Fett, 75 g Eiweiß

**Woche 3:**

Tag 1:

Frühstück: Gemüse-Pancakes (Seite 22)

Mittagessen: Kalte Radieschen-Gurken-Suppe (Seite 36)

Abendessen: Linsen-Dal (Seite 78)

Snack/Dessert: Vanille-Milchreis (Seite 132)

Nährwerte: 964 kcal, 107 g Kohlenhydrate, 39 g Fett, 58 g Eiweiß

Tag 2:

Frühstück: Tomaten-Avocado-Toast (Seite 23)

Mittagessen: Lauch-Kartoffel-Suppe (Seite 37)

Abendessen: Grünkern-Risotto (Seite 94)

Snack/Dessert: Erdbeer-Joghurt-Dessert (Seite 136)

Nährwerte: 1442 kcal, 149 g Kohlenhydrate, 54 g Fett, 75 g Eiweiß

Tag 3:

Frühstück: Blaubeer-Quesadillas (Seite 24)

Mittagessen: Brokkoli-Suppe (Seite 38)

Abendessen: Buddha Bowl (Seite 79)

Snack/Dessert: Birnen-Limetten-Crumble (Seite 143)

Nährwerte: 2073 kcal, 173 g Kohlenhydrate, 124 g Fett, 56 g Eiweiß

Tag 4:

Frühstück: Quark-Hörnchen (Seite 25)

Mittagessen: Petersilie-Kohlrabi-Suppe (Seite 39)

Abendessen: Spinat-Feta-Linguine (Seite 84)

Snack/Dessert: Blaubeermuffins (Seite 130)

Nährwerte: 1136 kcal, 128 g Kohlenhydrate, 50 g Fett, 39 g Eiweiß

Tag 5:

Frühstück: Pfirsich-Topping auf Arme Ritter (Seite 26)

Mittagessen: Gelbe Suppe (Seite 40)

Abendessen: Gyros-Spieße (Seite 82)

Snack/Dessert: Himbeer-Sorbet (Seite 133)

Nährwerte: 1000 kcal, 61 g Kohlenhydrate, 59 g Fett, 51 g Eiweiß

Tag 6:

Frühstück: Hagebutten-French-Toast (Seite 27)

Mittagessen: Champignon-Suppe (Seite 41)

Abendessen: Zucchini-Feta-Nudeln (Seite 86)

Snack/Dessert: Schoko-Pralinen (Seite 135)

Nährwerte: 1098 kcal, 65 g Kohlenhydrate, 71 g Fett, 58 g Eiweiß

Tag 7:

Frühstück: Haferflocken-Erdbeer-Frühstück (Seite 14)

Mittagessen: Zucchini-Suppe (Seite 42)

Abendessen: Krabben-Spinat-Rührei (Seite 92)

Snack/Dessert: Fruchteis (Seite 134)

Nährwerte: 914 kcal, 73 g Kohlenhydrate, 40 g Fett, 58 g Eiweiß

**Woche 4:**

Tag 1:

Frühstück: Low-Carb-Pfannkuchen (Seite 9)

Mittagessen: Schnelle Minestrone (Seite 43)

Abendessen: Schinken-Kartoffel-Auflauf (Seite 88)

Snack/Dessert: Bananenjoghurt (Seite 110)

Nährwerte: 1369 kcal, 108 g Kohlenhydrate, 54 g Fett, 97 g Eiweiß

Tag 2:

Frühstück: Waffel-Gemüse-Sandwich (Seite 10)

Mittagessen: Rote-Bete-Suppe (Seite 44)

Abendessen: Couscous-Tofu-Pfanne (Seite 93)

Snack/Dessert: Erdbeer-Quark-Torte (Seite 138)

Nährwerte: 1619 kcal, 134 g Kohlenhydrate, 91 g Fett, 52 g Eiweiß

Tag 3:

Frühstück: Flohsamen-Beeren-Joghurt (Seite 12)

Mittagessen: Miso-Suppe (Seite 45)

Abendessen: Fischeintopf Brasilianischer Art (Seite 98)

Snack/Dessert: Schoko-Brownies (Seite 137)

Nährwerte: 865 kcal, 55 g Kohlenhydrate, 35 g Fett, 71 g Eiweiß

Tag 4:

Frühstück: Tonka-Waffeln (Seite 18)

Mittagessen: Rosenkohl-Dattel-Suppe (Seite 46)

Abendessen: Brokkoli-Rindfleisch-Pfanne (Seite 87)

Snack/Dessert: Pistazien-Avocado-Eis (Seite 127)

Nährwerte: 1660 kcal, 134 g Kohlenhydrate, 89 g Fett, 78 g Eiweiß

Tag 5:

Frühstück: Mango-Bananen-Oats (Seite 19)

Mittagessen: Kalte Radieschen-Gurken-Suppe (Seite 36)

Abendessen: Gefüllter Kürbis (Seite 73)

Snack/Dessert: Kakaoriegel (Seite 129)

Nährwerte: 1229 kcal, 170 g Kohlenhydrate, 41 g Fett, 47 g Eiweiß

Tag 6:

Frühstück: Griechisches Omelett (Seite 20)

Mittagessen: Brokkoli-Suppe (Seite 38)

Abendessen: Lachs-Gnocchi-Gericht (Seite 89)

Snack/Dessert: Apfelchips (Seite 105)

Nährwerte: 1193 kcal, 78 g Kohlenhydrate, 62 g Fett, 80 g Eiweiß

Tag 7:

Frühstück: Quark-Hörnchen (Seite 25)

Mittagessen: Gelbe Suppe (Seite 40)

Abendessen: Spitzkohl-Edamame-Pfanne (Seite 69)

Snack/Dessert: Ananas-Melonen-Spieße (Seite 140)

Nährwerte: 996 kcal, 73 g Kohlenhydrate, 62 g Fett, 34 g Eiweiß

# Fachwörter-Lexikon

Damit Sie auch immer wissen, was gemeint ist, sind hier noch mal einige Begriffe zusammengefasst, die in diesem Kochbuch vorkommen und vielleicht für Unverständnis gesorgt haben. Sortiert sind die Wörter nach Vorkommen im Text.

***Kaloriendefizit:*** Ein Kaloriendefizit liegt vor, wenn weniger Kalorien zugeführt als verbraucht werden. Kalorienangaben werden in der Größe kcal (Kilokalorien) angegeben. Durch ein Kaloriendefizit verliert man an Gewicht. Dieses sollte aber nie zu groß sein.

***Stoffwechsel:*** Auch Metabolismus genannt. Er beschreibt alle biochemischen Vorgänge, die in tierischen oder menschlichen Zellen ablaufen. Hierbei werden Nährstoffe, die zum Beispiel durch Nahrung in unseren Körper gelangen, in den Zellen zu anderen Stoffen umgewandelt oder verwertet. Ein Beispiel ist unter anderem der Kohlenhydratstoffwechsel: Der Darm spaltet Kohlenhydrate in Einfachzucker, die durch das Hormon Insulin und über das Blut im ganzen Körper verteilt werden. In den Zellen wird der Zucker dann in Energie umgewandelt. Falls der Organismus gerade keine Energie benötigt, verwandelt die Muskulatur oder die Leber die Einfachzucker wieder in Mehrfachzucker beziehungsweise zu Stärkemolekülen und speichert diese ab. Dies kann auch zur Gewichtszunahme führen.

***Hormonhaushalt:*** Der Körper besitzt viele verschiedene Hormone, welche biochemische Botenstoffe sind, die durch verschiedene Drüsen im Körper gebildet und über das Blut in alle Organe weitergegeben werden. Das Gehirn steuert und reguliert den Hormonhaushalt. Durch die moderne Lebensweise mit Stress, Umweltgifte oder Fehlernährung kann dieses komplexe System jedoch schnell aus dem Gleichgewicht geraten. Dies zieht eine Reihe von Problemen nach sich. Ein gestörter Hormonhaushalt kann zu den unterschiedlichsten Symptomen führen, wie zum Beispiel Kopfschmerzen, Gewichtsschwankungen oder Verdauungsstörungen.

***Gesamtumsatz:*** Zusammengesetzter Energieverbrauch, der aus Grund- und Leistungsumsatz besteht. Der Grundumsatz gibt an, wie viel Energie ein Mensch am Tag in völliger Ruhe verbraucht. Also zum Beispiel, wie viele Kilokalorien durch den Stoffwechsel, Kreislauf und Atmung verbraucht werden. Der Leistungsumsatz hingegen beschreibt die Energiemenge, die ein Mensch zusätzlich zum Grundumsatz durch körperliche Anstrengung verbraucht. So hat ein Bauarbeiter einen höheren Leistungsumsatz als eine Bürokraft. Der Gesamtumsatz muss daher immer personalisiert berechnet werden, da er maßgeblich von den Lebensverhältnissen einer Person abhängt.

***Hefe:*** Ein kleiner Pilz, der nur unter dem Mikroskop sichtbar ist. Ein einzelliger, lebendiger Organismus, der unterschiedlich aufgebaut wird. Backhefe wird für die Zubereitung verschiedenster Speisen verwendet. Hefe enthält verschiedene Vitamine, Proteine und Biotine.

***Ruhezeit:*** Damit ein Teig, der mit Hefe versetzt wurde, sein Volumen vergrößert, braucht er einige Zeit zum Aufgehen. Diese kann je nach Hefe und Zusammensetzung des Teiges variieren. Man kann normalerweise

einfach so lange warten, bis sich das Volumen des Teiges verdoppelt hat. Dies dauert normalerweise zwischen 30 und 90 Minuten. Dabei ist es wichtig, dass der Teig abgedeckt ist und an einem warmen Ort gelagert wird.

***Zeste:*** Eine Zeste ist ein dünner Streifen aus der farbigen, äußersten Schicht einer Fruchtschale von zumeist Zitrusfrüchten wie Zitronen. Dabei sollten Bio-Produkte verwendet werden. Am besten gelingt dies mit einer Zitronenreibe. Mit ein wenig Übung gelingt es aber auch mit einem Sparschäler.

***Saccharose:*** Süßes Kohlenhydrat, welches auch Haushaltszucker genannt wird. Es besteht aus je einem Glucose- und Fructose-Molekül, die verbunden sind. Daher ist Saccharose ein Disaccharid. Es gehört mit zu den beliebtesten Süßungsmitteln, von übermäßigem Konsum ist aber abzuraten.

***Glukose:*** Ebenfalls ein Kohlenhydrat, allerdings ein Monosaccharid. Es ist einzeln als Süßstoff in vielen Produkten enthalten, ist aber ebenso Bestandteil von Saccharose, Cellulose und Stärke. Es fördert Karies und Übergewicht, wird aber von der Medizin verwendet – zum Beispiel, um Unterzuckerung zu bekämpfen. Es spielt eine wichtige Rolle im menschlichen Stoffwechsel.

***Dextrose:*** Ein Synonym für Glukose. Es wird auch Traubenzucker genannt. Ein Zuckerstoff, der auch natürlich vorkommt.

***Adipositas:*** Lateinischer Begriff für krankhaftes oder starkes Übergewicht. Mit Übergewicht steigt das Risiko für viele verschiedene Krankheiten. Es wird auch „Fettsucht" oder „Fettleibigkeit" genannt. Jedoch ist auch die Fettverteilung am Körper entscheidend für das Risiko bestimmter Krankheiten. Zum Beispiel gilt ein großer Bauchumfang als negativer Faktor. Das ist ein großes Problem in den Industrienationen. Adipositas ist eine anerkannte Krankheit und nicht nur Symptom eines ungesunden Lebensstils.

***Diabetes:*** Heißt eigentlich Diabetes mellitus. Es ist die Bezeichnung für eine Reihe von Krankheiten, die alle einen erhöhten Blutzucker zur Folge haben. Es gibt die Unterscheidung in Typ-1- und Typ-2-Diabetes. Während Typ-1 meist schon in jungen Jahren auftritt, eine Autoimmunerkrankung ist, bei der die Bauchspeicheldrüse kein Insulin (ein Hormon) mehr produziert, entsteht Typ-2 häufig erst im Laufe des Lebens und ist eine Folge von jahrelanger zu zuckerreicher Ernährung. Dadurch kommt es zu einer geringeren Zellempfindlichkeit für Insulin.

***Kohlenhydrate:*** Bestehend aus Zuckermolekülen und wichtiger Energielieferant im Körper. Ein Baustein der drei Makro-Nährstoffe, gelangt über das Blut in alle Zellen und ist wichtig für Gehirn und Muskeln. Kohlenhydrate werden während der Verdauung in Glukose umgewandelt, durch Insulin wird dieses dann im Körper zu den Zellen transportiert. Je nach Kohlenhydrat steigt der Blutzucker rasant an, fällt dann aber wieder schnell ab oder sorgt für eine konstante Aufrechterhaltung des Blutzuckerspiegels.

***Fette:*** Neben Kohlenhydraten ebenso ein Energielieferant für den Körper, auch Lipide genannt. Bestimmte Bestandteile wie essenzielle Fettsäuren sind wichtige Nährstoffe für den Körper. Jedoch sollten nur maximal 30 % des Energiebedarfs durch Fette aufgenommen werden, da es sonst zu Übergewicht, Bluthochdruck oder anderen Herz-Kreislauf-Erkrankungen kommen kann. Während ungesättigte Fettsäuren häufig nicht selbst durch den Körper hergestellt werden können, ist dies bei sogenannten gesättigten Fettsäuren der Fall. Zudem können gesättigte Fettsäuren negative Folgen auf die Blutfettwerte haben. Daher sollen nur

maximal 10 % der Energiezufuhr am Tag aus gesättigten Fettsäuren bestehen. Ungesättigte Fettsäuren sind hauptsächlich in pflanzlichen Fettlieferanten wie Nüssen oder verschiedenen Ölsorten zu finden. Mehrfach ungesättigte Fettsäuren können sogar positive Wirkungen auf den Cholesterinspiegel haben.

***Proteine:*** Große Moleküle, die aus großen Molekülen bestehen und häufig auch Eiweiße genannt werden. Einige Aminosäuren müssen durch die Ernährung dem Körper zugefügt werden und sind sehr wichtig für Enzyme, Hormone und dahin gehend auch für Muskeln, Herz, Hirn, Haare und Haut. Wer Muskeln aufbauen möchte, sollte verstärkt auf eine ausreichende Proteinzufuhr achten. Etwa 0,8 – 1 g Proteine pro Körpergewicht gelten als Tagesbedarf.

***Ballaststoffe:*** Unverdauliche Bestandteile von meist Kohlenhydraten, die in verschiedenen pflanzlichen Lebensmitteln zum Beispiel Vollkornprodukten zu finden sind. Da Ballaststoffe nicht den Energiegehalt der Nahrung stark steigern, aber dennoch das Volumen der Nahrung erhöht wird, eignet sich eine ballaststoffreiche Ernährung für Menschen, die auf Diät sind. Sie haben eine gute Wirkung auf die Verdauung und stabilisieren den Blutzuckerspiegel.

***Stärke:*** Ein Mehrfachzucker und dadurch ein Kohlenhydrat. Wird nur von Pflanzen gebildet und besteht aus vielen verknüpften Glukose-Molekülen. Quillt in Wasser auf und wird daher gerne zur Verdickung von Speisen verwendet. Durch die Verdickungs- und Klebewirkung wird sie auch in der Industrie für die Herstellung von Klebstoffen oder Leim verwendet.

***Komplexe Kohlenhydrate:*** Sorgen für einen langsamen Anstieg des Blutzuckerspiegels. Dadurch hält das Sättigungsgefühl länger an und verhindert Heißhungerattacken. Ist in vielen verschiedenen Vollkornprodukten enthalten und steht im Gegensatz zu einfachen Kohlenhydraten. Einfache Kohlenhydrate sind in Süßigkeiten, Weißmehlprodukten und Haushaltszucker enthalten, werden sofort vom Blut aufgenommen und führen zu einem raschen An-, aber auch wieder Abstieg des Blutzuckerspiegels.

***Blutzuckerspiegel:*** Gibt den Zuckergehalt im Blut an. Bei Diabetikern ist dieser erhöht. Tägliche Schwankungen sind normal, so steigt der Blutzuckerspiegel nach dem Essen und ist morgens nach dem Aufstehen am niedrigsten. Unterzuckerung ist genauso wie Überzuckerung zu vermeiden. Ein normaler Blutzuckerwert, der bei nüchternen Erwachsenen gemessen wird, liegt zwischen 74 und 99 mg pro dl (Deziliter) Blut.

***Rohrzucker:*** Warenbezeichnung für Haushaltszucker, der aus Zuckerrohr gewonnen wird. Steht im Gegensatz zu Rübenzucker. Chemisch gibt es jedoch keine Unterscheidung beider Zuckerarten, daher ist Rohrzucker auch nicht – anders als viele Haushaltsmythen besagen – gesünder als Rübenzucker.

***Melasse:*** Sehr zäher Sirup, der eine dunkelbraune Farbe hat. Besteht zu 60 % aus Zucker, aber auch aus Vitaminen und bestimmten Salzen. Entsteht als Nebenerzeugnis bei der Zuckerproduktion aus Zuckerrüben, Zuckerhirse und Zuckerrohr. Wird in der Industrie als Futtermittel oder auch für die Produktion von Hefe verwendet.

***Raffiniert:*** Raffinierte Zucker sind besonders günstig herzustellen und bezeichnen isolierte und verarbeitete Zucker wie Saccharose, Fruktose und Glukose. Enthält kaum Mineralstoffe und sorgt für einen raschen und starken Anstieg des Blutzuckerspiegels.

***Fruktose:*** Einfacher Fruchtzucker, der sehr süß schmeckt, aber farb- und geruchslos ist. Ist Baustein für Rüben- und Rohrzucker, kommt aber natürlich in Früchten und Gemüse vor. Hat eine höhere Süßkraft als Haushaltszucker. Ein zu hoher Fruktose-Konsum hat negativere Wirkungen als andere Zuckerarten. Während das natürliche Vorkommen in Obst und Gemüse jedoch kaum ausreicht, um das gesunde Maß zu überschreiten, ist bei industriell zuckerhaltigen Produkten Vorsicht geboten. Fruktoseintolerante Menschen können Fruktose nicht verdauen und es kommt zu gesundheitlichen Beschwerden.

***Laktose:*** Ein Disaccharid, der auch Milchzucker genannt wird und in vielen Milchprodukten enthalten ist. Er besteht aus Glukose- und Galaktose-Molekülen, hat eine geringe Süßkraft und ist wasserlöslich. Durch das Enzym Laktase kann der Zucker während der Verdauung aufgespalten und so verwertet werden. Bei laktoseintoleranten Menschen fehlt dieses Enzym und die Laktose kann nicht verdaut werden. Verdauungsbeschwerden sind die Folge. Auch hier ist gegen einen mäßigen Konsum von natürlichen Lebensmitteln, die Laktose enthalten, erst mal nichts einzuwenden, jedoch ist von künstlich laktosehaltigen Speisen abzuraten.

***Sorbit:*** Auch Gluticol, Hexanhexol und Sorbitol genannt. Ein Zuckeralkohol, der in der Industrie gerne als Zuckeraustauschstoff verwendet wird, aber teilweise auch natürlich vorkommt. Da der Körper bei der Verarbeitung des Stoffs kein Insulin benötigt, wird Sorbit auch Diabetikern empfohlen. Auf der Zutatenliste oft als Lebensmittelzusatz E 420 zu finden.

***Gluticol:*** Synonym für Sorbit (s. oben).

***WHO:*** Abkürzung für die Weltgesundheitsorganisation. Verband der Vereinten Nationen mit Sitz in Genf. Zu ihren Aufgaben zählen unter anderem die Verfassung des Weltgesundheitsberichts, Koordination bei der Bekämpfung von übertragbaren Krankheiten sowie die Sammlung und Analyse von Gesundheitsdaten. Zudem gibt sie auch in Bezug auf die Ernährung viele Empfehlungen heraus.

***Adipös:*** Adjektiv, welches Personen bezeichnet, die unter Adipositas leiden (s. oben).

***BMI:*** Abkürzung für den Body-Mass-Index. Leicht zu ermittelnder Index, der Auskunft darüber gibt, ob man sich im Normalgewicht befindet. Um ihn zu berechnen, wird das Körpergewicht in kg durch die Körpergröße in m zum Quadrat geteilt. Bei einem Ergebnis von 25 oder mehr gilt man als übergewichtig, bei einem Wert von 30 oder mehr als adipös. Ab 18,5 gilt man als untergewichtig. Gerade in den letzten Jahren ist der Index jedoch in die Kritik geraten. So hat das reine Körpergewicht wenig Aussagekraft über den Gesundheitszustand einer Person. Muskulöse Menschen gelten dann sehr schnell als übergewichtig, da Muskeln sogar mehr wiegen als Fett. Viel wichtiger ist also die Zusammensetzung der Körpermasse. Zu empfehlen ist hierbei also eine Feststellung des Körperfettanteils.

***Foodtrend:*** Weit verbreitete Änderungen der Lebensmittelpräferenzen, die sich trendartig verbreiten und häufig nach einer Zeit auch wieder abflachen. Bowls, Smoothies oder auch verschiedene Diät-Programme wie eine Low-Carb-Ernährungsweise gehören zu bekannten Foodtrends.

***Bowls:*** Bei diesem Ernährungstrend werden häufig gesunde und frische Zutaten nach einem Baukästchenprinzip in einer Schüssel angerichtet und serviert. Der Geschmack wird meist durch ein Dressing oder verschiedene Toppings abgerundet.

***Lifestyle:*** Beschreibt umfassend die Erscheinung und Verhaltensweisen einer Person. Damit kann zum Beispiel die Zusammensetzung von Modestil, Hobbys und Werte eines Menschen gemeint sein.

***Toppings:*** Begriff aus der Küche, der den Belag auf verschiedene Speisen oder Getränke beschreibt. So werden Suppen zum Beispiel mit frischen Kräutern bestreut oder eine Zitronenzeste zum Garnieren eines Cocktails verwendet. Auch Bowls werden häufig mit Toppings versehen.

***Clean Eating:*** Heißt wörtlich übersetzt „sauberes Essen". Hiermit ist eine Ernährungsweise gemeint, bei der natürliche statt verarbeiteter Lebensmittel verwendet werden. Dies soll zu einer Reduzierung des Körperfettanteils und einer gesünderen Lebensweise führen. Ein guter Anhaltspunkt, um zu entscheiden, ob ein Produkt „clean" oder nicht ist, ist die 5-Zutaten-Liste. Stehen bei einem abgepackten Produkt mehr als 5 Zutaten auf der Liste, ist es nicht mehr „clean", da es zu industriell verarbeitet ist. Am besten konzentriert man sich auf viele frische Nahrungsmittel.

***Smoothies:*** Aus dem Englischen. Bezeichnung für Mixgetränke aus Obst oder Gemüse, wahlweise auch aus Milchprodukten. Oft wird hierbei die gesamte Frucht, also auch die Schale verwendet.

***Smoothie-Maker:*** Elektronisches Gerät zur erleichterten Herstellung von Smoothies. Die Zutaten müssen hierbei nur in das Gerät gegeben werden und per Knopfdruck wird alles zerkleinert. Oft sind sie leistungsstärker als andere Mixgeräte, da sie speziell zur Zerkleinerung von Früchten hergestellt wurden und empfehlenswert für Personen, die häufig Smoothies zubereiten. Preisgünstige Modelle sind schon ab 25 € zu erhalten, bei einigen Geräten sind auch schon Smoothie-Gläser enthalten.

***Entsafter:*** Im Gegensatz zu einem Smoothie-Maker geht es hier um das Trennen von Saft und Pflanzenteilen. Hierbei kommt ein Saft aus Obst und Gemüse zustande, der leicht verdaulich und reich an Vitaminen und Nährstoffen ist. Der Saft ist flüssiger, gibt einen schnellen Vitaminkick, kann aber keine Mahlzeit ersetzen. Es sollte nur Obst und Gemüse entsaftet werden, während man in einen Smoothie-Maker auch weitere Bestandteile wie Milchprodukte beimengen kann.

***Süßstoffe:*** Süßstoffe wie Saccharin, Cyclamat und Aspartam haben kaum Kalorien, besitzen aber eine viel höhere Süßkraft als herkömmlicher Zucker. Daher werden sie häufig während Diäten verwendet. Es ist allerdings zu beachten, dass der süße Geschmack einen Gewöhnungseffekt hat und die Stoffe nicht zu einer natürlichen Ernährungsweise gehören.

***Stevia:*** Ein pflanzlicher Süßstoff, der auf Zutatenlisten unter dem Lebensmittelzusatzstoff E 960 zu finden ist. Einige kontroverse wissenschaftliche Ergebnisse, die zum Beispiel auf eine krebserregende Wirkung des Stoffes hindeuteten, konnten nicht bestätigt werden. Stattdessen wurde eine blutdrucksenkende Wirkung nachgewiesen.

***Darmflora:*** Auch Mikrobiom oder Mikrobiota des Darms genannt. Im Darm befinden sich etwa 99 % aller Bakterien unseres Körpers! Sie bezeichnet jegliche Mikroorganismen, die den Darm besiedeln. Diese Bakterien unterstützen die Verdauung, produzieren aus unverdaulichen Ballaststoffen Fettsäuren und sind auch für die Herstellung einiger Bakterien wichtig. Eine unausgewogene Ernährungsweise, aber auch Krankheiten oder die Einnahme von Medikamenten wie Antibiotika können die Darmflora aus dem Gleichgewicht bringen.

Verdauungsbeschwerden, aber auch ein erhöhtes Risiko für Darmkrebs können die Folge sein. Vollwertige Getreideprodukte, Obst und Gemüse, Nüsse und Samen unterstützen eine gesunde Darmflora.

***Brennwert:*** Gibt an, wie viel Energie ein Lebensmittel dem Körper liefert. Es wird als Kilokaloriengehalt eines Lebensmittels angegeben. Es muss jedoch zwischen physikalischem und physiologischem Brennwert unterschieden werden. Während der physikalische Brennwert den tatsächlichen Energiegehalt, der in einem Lebensmittel steckt, angibt, bezeichnet der physiologische Gehalt die wirkliche Energie, die der Körper daraus ziehen kann. Ballaststoffreiche Lebensmittel beispielsweise besitzen einen deutlich niedrigeren physiologischen als physikalischen Brennwert.

# Quellen


- https://www.qi-2.com/de/wissen/ernaehrungstipps/kalorientabelle/
- https://www.gesundheit.gv.at/leben/ernaehrung/info/fette
- https://myfoodmyfuture.com/zuckerfreie-ernaehrung/
- https://www.rki.de/DE/Content/Gesundheitsmonitoring/Themen/Uebergewicht_Adipositas/Uebergewicht_Adipositas_node.html
- https://de.statista.com/statistik/daten/studie/241649/umfrage/verbrauch-von-zucker-in-ausgewaehlten-regionen-weltweit/
- https://www.instyle.de/beauty/zuckerfreie-ernaehrung
- https://de.wikipedia.org/wiki/Smoothie
- https://www.bundesgesundheitsministerium.de/themen/praevention/gesundheitsgefahren/diabetes.html
- https://www.pharmawiki.ch/wiki/index.php?wiki=Glucose
- https://www.pharmawiki.ch/wiki/index.php?wiki=saccharose
- https://www.rki.de/DE/Content/Gesundheitsmonitoring/Themen/Uebergewicht_Adipositas/Uebergewicht_Adipositas_node.html#:~:text=Zwei%20Drittel%20der%20M%C3%A4nner%20(67,ist%20stark%20%C3%BCbergewichtig%20(adip%C3%B6s).
- https://www.purya.de/was-sind-proteine/
- https://www.essen-und-trinken.de/bowls
- https://www.netdoktor.de/laborwerte/blutzuckerwerte/
- https://www.avogel.de/ernaehrung_gesundheit/ihre-ernaehrung/themenuebersicht/zucker/zucker_arten.php
- https://www.bundesgesundheitsministerium.de/themen/praevention/kindergesundheit/praevention-von-kinder-uebergewicht.html
- https://www.eatbetter.de/zuckerfreie-ernaehrung-die-top-zuckerfreien-lebensmittel
- https://www.krankenhaus.de/erkrankungen/gestoerter-hormonhaushalt-ursache-vieler-beschwerden/
- https://www.apotheken-umschau.de/gesund-bleiben/ernaehrung/was-sind-eigentlich-kohlenhydrate-711747.html
- https://www.edeka.de/rezepte/genussthemen/bowl-rezepte.jsp
- https://www.womenshealth.de/food/food-trends/die-10-grundregeln-des-clean-eating/
- https://www.akademie-sport-gesundheit.de/lexikon/raffinierte-zucker.html
- https://de.wikipedia.org/wiki/Ballaststoff
- https://david-lindenbauer.at/schnell-abnehmen-so-hoch-sollte-dein-kalorien-defizit-sein/
- https://en.wikipedia.org/wiki/Food_trends
- https://de.wikipedia.org/wiki/Zucker
- https://de.wikipedia.org/wiki/Rohrzucker
- https://www.planet-wissen.de/gesellschaft/essen/diaet/pwiesuessstoffe100.html
- https://www.doppelherz.de/darmgesundheit-special/ernaehrung/#:~:text=Gute%20Lebensmittel%20f%C3%BCr%20die%20Darmflora&text=Getreideprodukte%2C%20Obst%2C%20Gem%C3%BCse%2C%20H%C3%BClsenfr%C3%BCchte,z%C3%A4hlen%20Leinsamen%2C%20Flohsamen%20oder%20Chiasamen
- https://www.klipfel.ch/Klipfel-Hefe-AG/Die-Hefe/Was-ist-Hefe-/
- https://www.ernaehrung.de/lexikon/ernaehrung/s/Staerke.php
- https://de.wikipedia.org/wiki/Stevia
- https://de.wikipedia.org/wiki/Lebensstil

- https://www.runtastic.com/blog/de/wissenswertes-ueber-carbs/
- https://www.hobbybaecker.de/themenwelten/hefe
- https://de.wikipedia.org/wiki/Melasse
- https://www.genialetricks.de/kochtipps-kochen-tricks/
- https://de.wikipedia.org/wiki/Gesamtumsatz
- https://www.tk.de/techniker/magazin/ernaehrung/uebergewicht-und-diaet/richtiges-gewicht-normalgewicht-2006760?tkmcg=56485653339_528414230577&tkkwg=p_56485653339_bmi&wt_cc1=k[bmi]m[p]n[g]c[528414230577]p[]d[c]a[56485653339]t[kwd-100505177]&gclid=CjwKCAjwp_GJBhBmEiwALWBQky4yhJ6_8NtneC_0YFrUbYFMnYbc-0Nt8bnCHC4Kj8Lc-HjV7D6naxoCbm0QAvD_BwE
- https://dasgastroenterologieportal.de/Sorbitintoleranz.html
- https://www.duden.de/rechtschreibung/Topping
- https://www.ifb-adipositas.de/adipositas/was-ist-adipositas
- https://www.essen-und-trinken.de/anrichten-von-speisen
- https://www.bmel.de/DE/themen/ernaehrung/lebensmittelverschwendung/studie-lebensmittelabfaelle-deutschland.html
- https://www.medikamente-per-klick.de/apotheke/ernaehrungslexikon/fruktose-und-fruktoseintoleranz/
- https://www.eujuicers.de/magazin/was-ist-der-unterschied-zwischen-einem-entsafter-smoothie-maker-und-standmixer
- https://www.apotheken-umschau.de/gesund-bleiben/ernaehrung/was-ist-eigentlich-stoffwechsel-712119.html
- https://www.netdoktor.de/anatomie/darmflora/

Wir danken Ihnen für Ihr Interesse und Ihr Vertrauen. Als Dankeschön dafür, haben wir eine besondere Überraschung. Wir haben **22 Festtagsrezepte ohne Zucker für Sie.** Und dieses erhalten Sie vollkommen kostenlos. Das klingt wunderbar? Dann warten Sie nicht lange und holen Sie sich Ihr Gratis-Geschenk.

## Hier geht es zu Ihrem Gratis-Geschenk:

https://forms.gle/dkDVTGRPHVvGeeA47

1. **Öffnen Sie die Kamera-App auf Ihrem Smartphone und richten Sie die Kamera auf den QR-Code.**
2. **Klicken Sie auf den Link, der Ihnen angezeigt wird und schon werden Sie zur Website weitergeleitet.**

# Impressum

Herausgeber: Orbita Media Verlag GmbH & Co. KG / Ericusspitze 4 / 20457 Hamburg
Kontakt: kontakt@empireofbooks.de
Website: https://empireofbooks.de
Coverbild: Shutterstock

**Haftungsausschluss:**
Die Nutzung dieses Buches und die Umsetzung der enthaltenen Informationen, Anleitungen und Strategien erfolgt auf eigenes Risiko. Der Autor kann für etwaige Schäden jeglicher Art aus keinem Rechtsgrund eine Haftung übernehmen. Haftungsansprüche gegen den Autor für Schäden materieller oder ideeller Art, die durch die Nutzung oder Nichtnutzung der Informationen bzw. durch die Nutzung fehlerhafter und/oder unvollständiger Informationen verursacht wurden, sind grundsätzlich ausgeschlossen. Rechts- und Schadenersatzansprüche sind daher ausgeschlossen. Dieses Werk wurde sorgfältig erarbeitet und niedergeschrieben. Der Autor übernimmt jedoch keinerlei Gewähr für die Aktualität, Vollständigkeit und Qualität der Informationen. Druckfehler und Falschinformationen können nicht vollständig ausgeschlossen werden. Es kann keine juristische Verantwortung sowie Haftung in irgendeiner Form für fehlerhafte Angaben vom Autor übernommen werden. Die bereitgestellten Analysen, Vorschläge, Ideen, Meinungen, Kommentare und Texte sind ausschließlich zur Information bestimmt und können ein individuelles Beratungsgespräch nicht ersetzen. Alle Informationen dieses Buches entsprechen dem Kenntnisstand zum Zeitpunkt des Verfassens dieses Buches. Eine Haftung für mittelbare und unmittelbare Folgen aus den Informationen dieses Buches ist somit ausgeschlossen.
Informieren Sie sich weitläufig aus unterschiedlichen Quellen und bedenken Sie, dass am Ende nur Sie für die Entscheidungen verantwortlich sind.



**Haftung für externe Links:**
Unser Angebot enthält Links zu externen Websites Dritter, auf deren Inhalte wir keinen Einfluss haben. Deshalb können wir für diese fremden Inhalte auch keine Gewähr übernehmen. Für die Inhalte der verlinkten Seiten ist stets der jeweilige Anbieter oder Betreiber der Seiten verantwortlich. Die verlinkten Seiten wurden zum Zeitpunkt der Verlinkung auf mögliche Rechtsverstöße überprüft. Rechtswidrige Inhalte waren zum Zeit-punkt der Verlinkung nicht erkennbar.